Di que fue un sueño

Serrano Copete, Javier
　Di que fue un sueño. - 1a ed. - Buenos Aires: Elaleph.com, 2007.
　170 p.; 21x15 cm.

　ISBN 978-987-1070-48-0

　1. Narrativa Española. 2. Cuentos. I. Título
　CDD E863

Queda rigurosamente prohibida, sin la autorización escrita de los titulares del copyright, bajo las sanciones establecidas por las leyes, la reproducción total o parcial de esta obra por cualquier medio o procedimiento, comprendidos la fotocopia y el tratamiento informático.

© 2007, Javier Serrano Copete
© 2007, elaleph.com (de Elaleph.com S.R.L.)

contacto@elaleph.com
http://www.elaleph.com

Imagen de tapa: "El Joven Mendigo", óleo de Bartolomé Esteban Murillo, 1650

Primera edición

ISBN 978-987-1070-48-0

Hecho el depósito que marca la Ley 11.723

Impreso en el mes de julio de 2007 en
Bibliográfika S.A.,
Buenos Aires, Argentina.

JAVIER SERRANO COPETE

DI QUE FUE UN SUEÑO

elaleph.com

*A quienes, por tener silla en Nochebuena,
cae en la redundancia decir sus nombres:
mi hermana Mabel, mis padres (Jesús y Dulce),
mi abuelo Juan y mis tíos Jesús, Justina y Ángel.
Por ser la verdadera causa primigenia de este libro,
quizás como correlato de serlo de mi propia existencia.*

*"No conoceréis al miedo. El miedo mata la mente.
El miedo es la pequeña muerte que conduce a la destrucción total.
Afrontaré mi miedo. Permitiré que pase sobre mí y a través de mí.
Y cuando haya pasado, giraré mi ojo interior para escrutar su camino.
Allá donde haya pasado el miedo ya no habrá nada. Sólo estaré yo."*

FRANK HERBERT, "DUNE"

A MANERA DE EXORDIO

> *El talento personal*
> *unido a un suave temperamento*
> *se transforma en un*
> *gran talento;*
> *la sabiduría unida*
> *a una mente pacifista*
> *se transforma*
> *en la verdadera sabiduría.*
>
> PROVERBIO CHINO
> SIGLO XVI

Curioso cómo suceden ciertos eventos de la vida de los hombres.

Una apretada síntesis biográfica que me enviara por pedido expreso a fin de ser utilizada en la edición de esta obra, me llevó a evocar momentos de mi niñez y mi adolescencia.

Y como una cosa lleva a la otra, la evocación hizo que me sintiera identificado con Javier Serrano Copete, a quien conocí en el controvertido —y no por ello menos fascinante—, mundo virtual de la Internet.

Recordé que yo, de pequeño, prefería leer a Jules Verne y a Edgard Allan Poe, o recrear batallas con mis soldaditos de plomo a salir con los amigos del vecindario a jugar a la pelota. Por alguna razón asocié esa imagen con la de otro niño nacido más de tres décadas después, satisfaciendo su curiosidad y saciando su sed de lectura en la biblioteca de la casa de su tío.

No sé si Javier habrá jugado o no balompié, ni me interesa. Pero me resulta imposible imaginarlo frente a la pantalla de televisión mirando mediocres series de dibujos animados cargados de violencia; más bien se me aparece la figura de un niño abstraído en un programa dedicado a los dinosaurios —de un conocido canal mundial de producciones documentales y educativas—, hecho que le otorga cierta ventaja puesto que en mi niñez de televisión, nada, hasta los diez años y excepto "El Mundo en Guerra", o alguna película épica, lo demás no me interesaba en lo absoluto.

Se define como un "Catalán con raíces castellanas y andaluzas", lo que no es poco, y sé de lo que hablo pues he tenido el privilegio de conocer su tierra y, más aún, ser padre de una hija medio catalana.

En tren de imaginar, lo pienso lector voraz desde que no llegaba a superar la altura de la mesa y se me ha revelado como un avezado escritor, sorprendente para su edad, dueño de una erudición inusual en ciertos temas que lo apasionan.

Y hablando de pasiones, con Javier Serrano Copete compartimos nuestro amor por la Historia, la más memoriosa —y en ocasiones rencorosa y vengativa— de entre todas las hijas de la madre Filosofía.

Puesto que tenemos un Océano de por medio, no lo he visto personalmente, pero si resultare cierto aquello de que "uno hace lo que es", puedo imaginarlo vital, extrovertido, aventurero, generoso, versátil, confiado, emprendedor, sensible, talentoso, creativo, memorioso, reflexivo, comprensivo, diplomático y pródigo en palabras a la hora de la conversación.

Lo conocí profundo, analítico, expresivo, culto, aplicado, ordenado, observador, prolijo y exhaustivo.

Lo avizoro erudito y no puedo dejar de pensar que este admirable hombre joven dejará profundas huellas, de aquí en más, en el apasionante oficio de amontonar palabras.

DI QUE FUE UN SUEÑO

Me privilegia el que me haya pedido que escriba algunas palabras a manera de Exordio, y pese a que honos abet onus, *aquí están, tal como las siento, más que como las pienso. Porque el escribir es —al menos para mi humilde manera de ver las cosas—, más de tripas, que de cabeza.*

LUIS VIDELA
DIRECTOR EDITORIAL
Buenos Aires, Julio de 2007

Reflexiones ante una eventual cena

Durante el bachillerato tuve la suerte de tener a una filósofa por profesora. El aprecio por la materia y los alumnos era extraño en un Mundo, todo sea dicho, acaso algo lobezno. Sus explicaciones del *modus ponens* y del *modus tollens* solo pudieran guardar comparación con reflexiones, que en aquel entonces, acontecían como superfluas sandeces. El tiempo es un juez firme e incorruptible y la madurez una genial asistente. Recuerdo cómo un día me sorprendió preguntándonos sobre cuál era el argumento que esgrimimos al decir que vivimos hoy mejor que en la Edad Media. El asombro del auditorio fue mayúsculo, las reacciones se precipitaron entre caras de asombro y relampagueantes dudas acerca de si se había fumado un porro. Qué graciosa es la juventud en esas edades, pese a todo, mi inocencia juvenil de bachiller no impidió que tales palabras se grabaran en mi memoria.

El, hoy tórrido, peregrinaje a mi casa me ha reparado desafortunadas visiones. Al pasar por los, cada vez más frustrantes, tornos de RENFE he apreciado cierta imagen procedente de las escaleras del paso subterráneo. Dos jóvenes de tez morena, acaso gitana, se estaban sentando en las escaleras junto con sus caóticos fardos, cuando de repente uno de ellos sacó una paloma cogida por el cuello. Ante mi asombro, su compañero sacó otra de su paupérrimo equipaje, siendo cada presente, quién sabe en que magnitud, verdaderas ratas emplumadas. El sucedáneo del pollo iba a tener respuesta en la paloma, esa especie tan abundante, como molesta; cada vez menos amiga del hombre y que a la vez apesta. Sin embargo, no fueron esas alimañas lo que más me impresionó sino sus jóvenes captores, seres con poca infancia, pero con basta vida. Me dolió contemplar en aquel momento cómo los infantes eran poseedores de mayor experiencia que cualquiera de mis dos miembros. Sus sonrisas parecían deleitarse más con el urbano regalo, que yo con todos mis regalos juntos. Hoy van alimentarse de proteína pura.

La picaresca acontece en ellos monumento. El arte de la Vida deja en ellos testimonio de la falta de justicia. Posiblemente faltaran a la escuela ese día, las clases de Primaria acaban a las cinco, y eran las cuatro y media de la tarde. Tal vez las palomas las compraran en el supermercado al salir del colegio de pago, es bastante probable, sin embargo, yo me decanto a pensar que los niños cazaron las palomas mientras vagaban por las barcelonesas calles en busca de diversión, distracción, ¿y por qué no?, algo de comida. Las desigualdades amagan con acabar como nuestra educación, sepultadas por la más infame de todas las chatarrerías, la de la ignorancia, y la del lamento, la del declive y la del amargo sabor de falta de conocimiento, de sociedad rancia y sin sustento.

La otrora profesora parece resplandecer, en tanto que lucero, en los rostros de los muchachos. De golpe se giran, me miran y parecen amenazarme. Soy para ellos mezquina materia de otra dimensión, inescrutable e intocable, maná de la dichosa sociedad, en fin, miembro de otra clase social. El esclavo, el siervo y el obrero parecen representarte de golpe en estratos más privilegiados que los lozanos morenos. Los niños comerán caliente, pero no podrán disponer de lujos todo el tiempo.

La ignorancia de los pequeños acontece de mayor utilidad que los conocimientos marciales, "mangológicos" o son gokeños, los afortunados chavales de la otra orilla parecen no conocer a Gengish Khan, ni a Atila, ni tampoco a los bomberos toreros. Sin embargo, me vuelve a la cabeza la Edad Media, esa etapa donde la preocupación era comer y vivir en paz y armonía, o bien estudiar y querer prosperar en una parroquia, cátedra o puesto de escribano, acaso de funcionario; bueno, todo dependía igualmente del privilegio y del grueso de la bolsa. Es curioso, las diferencias se perfeccionaban, a priori, con mejor gusto, el pobre trabajaba y el privilegiado, al menos nominalmente, estudiaba, ordenaba, o hacía parecer que mandaba.

Es ruin, a la vez que melancólico, mi mente no alcanza a identificarse con ellos ni a repararles ningún beneficio, ni futuro cierto. La desigualdad parece inundar nuestro Mundo, el ocaso de nuestra Civilización. Los niños morenos, quizás sean de otras nacionalidades, quizás de Rumania, Bulgaria o Turquía, no lo sé, ni tampoco tenía porque haberles preguntado. No creo que ello les hubiera hecho ganar fortuna ni les ayudase a entrar en la Unión a sus países de origen, creo que no. Pese a todo, a mis ojos acontecen niños enmugrecidos poseedores de un tesoro empalomado, una buena cena, una comida reflexiva, una invocación a lo poco que progresa en comparación nuestra especie, la misma que dice ser tan superior a nuestros ancestros de la Edad Media.

El fitness y el trasero del mono

Una nueva enfermedad dinamita las fronteras de nuestros, escasamente protegidos, cerebros. Se trata de la *ortorexia*, o lo que es lo mismo, la obsesión por consumir productos sanos. Se trata de una anomalía obsesiva que se manifiesta en la propensión a consumir, única y exclusivamente, alimentos bajos en calorías y ricos en fibra, vitaminas, *bifidus* y demás experimentos del nuevo marketing alimenticio. Es curioso, el hombre es el único animal que se fija en su tipo. La obsesión por la imagen, las tallas y el índice de masa corporal parecen importar poco para aquellos seres que de sus facultades físicas, y no de sus privilegios sapienciales, hacen depender sus vidas. Ello me remite a pensamientos, una vez más, relacionados con mi afición, acaso atávica, por el Mundo Animal.

Disfrutaría mucho viéndose pesar a un mono. Sería más genial aún si pudieran ser conscientes de su peso, de cómo todos los grandes especímenes dominantes de su especies gastan soberbias barrigas hinchadas a base de vegetales y ricas dietas. El gorila raramente se mira ante el espejo, menos mal, quizás surgiera entre ellos un índice de descontentos con su físico peligrosamente deprimido y desmesuradamente poblado. El caso es que pocos animales están flacos, la flaqueza es síntoma de "vacas flacas", de sequías, épocas de hambruna o de pésima salud. Ello comporta muchas veces discriminación por parte del grupo, abandono a los carroñeros, y aún más, imposibilidad de encontrar a alguna compañera, en definitiva, con la gordura se liga y no con la flaqueza.

Más cómico aún pudiera resultar el tema del control con la comida. El infame buitre, el más incomprendido de todos los animales, en tanto que vital barrendero, es un ejemplo de cómo los animales no conocen la dieta voluntaria. El buitre come hasta el clímax alimenticio, hasta que su estómago se halla superado por el volumen de carroña, viéndose el animal obligado a vomitar parte de la comida engullida con el afán de poder levantar el vuelo. El buitre no es un ejemplo de vida sana, pero si de cómo la naturaleza no pierde el tiempo en preocupaciones como la del buen físico, el peso o la masa corporal, que después de todo, son, en tanto que tonterías, propias de la especie humana.

No seamos malos. Quizás es que nuestra especie ha sido condicionada por la selección natural para que no sucumbamos ante la seducción del bollo, de ese nevadito mantecado o del cochinillo segoviano de turno. En el control se halla la dicha y el remedio a la gula. Curioso pero cierto, somos los únicos animales, cree mi humilde conocimiento, que tenemos el abuso alimenticio como un mal. Que se lo digan a todos los úrsidos, más conocidos como osos, especies que hibernan en la quietud de la guarida aguardando tiempos más cálidos. Para ellos el banquete es razón de vida y la grasa de supervivencia.

Innegablemente increíble. Aún resultará que no incidimos demasiado en la especificad humana del *fitness*, del cuidar nuestra imagen, del cambio radical y de la cirugía estética. Es posible a la vez que probable, lo característico del ser humano aún resultará ser la preocupación por nuestro físico y no el interés por las oportunidades de conocimiento que nos brinda nuestra mente. Seré redundante, pues esto es realmente curioso pero igualmente cierto.

¡YO NO SOY NINGÚN SIERVO!

"Lo que no es nocivo a la ciudad, no perjudica tampoco al ciudadano. Cuantas veces te viniere la sospecha de que te han perjudicado, sírvate de regla esta verdad; si esto no perjudica a la ciudad, tampoco yo he sido perjudicado. - Pero si la perjudica, ¿no hay que irritarse contra el que perjudica a la ciudad? – ¿Y por qué no le das a entender su error?"

MEDITACIONES, MARCO AURELIO

La crisis de la democracia puede encontrar su fundamento en la existencia, aún hoy en día, de una nebulosa muralla que separa la *elite* del común de los terrenos. La legitimidad, en un mundo laico, deja de pertenecer a la metafísica voluntad divina para encontrar su cauce en lo etéreo de la voluntad del Pueblo. La legitimidad se establece como presupuesto cuando no deja de ser mero maquillaje político. Ciertamente, lo competitivo de nuestra existencia no deja de mostrarnos cómo, a lo largo de la Historia, el conjunto de la sociedad tiende a convertirse en siervos. Será la ley del mínimo esfuerzo, el caso es que el hombre se siente seducido por la seguridad del mando ajeno más que por la incertidumbre y riesgo del poder de decisión propio.

Seamos algo más que siervos. La abstención, más que una opción determinante en democracia, se convierte en una aceptación tácita de vasallaje. La división entre poderoso y siervo sale de la fortaleza para colarse en el Parlamento. El no votante cree haber luchado contra la hipocresía cuando sólo ha firmado un contrato de servidumbre. Basta, ampliemos nuestra amplitud de miras, no seamos políticamente gandules ni fácticamente siervos. Pintar algo en el mecanismo, más que en algo testimonial, acontece como algo simbólico, tener conciencia de un papel en el mundo de la decisión política, saber que somos ciudadanos que no aceptan tácitamente la condición de siervos.

Los ojos del pescado

Recuerdo acompañar a mi madre al mercado. Ver cómo las coloridas frutas hacían maniobras, o incluso atisbos de tirabuzones, en sus arreglados puestos. Contemplar lo extraterráqueo de los rostros del pescado cuando, como si se tratara de agua de mayo, me viene un extraño ataque de pensamiento político, enfermedad rara vez pronosticada en la mente del hombre contemporáneo. Pienso en cómo la sociedad vive en el más sumiso de los mercantilismos, en la oferta del buen precio y del beneficio prometido, aun no siendo garantizado. Acaece en mí un extraño pensamiento, veo lo inevitable del sometimiento, cómo para comer hay que ir al mercado.

Comprar algo es inevitable, no sé si hoy tocará sardina o rodaballo pero la compra es tan vital como necesaria. Es curioso, encuentro algún símil con el voto. Mi madre, como gran gastrónoma, examina los ojos del marino espécimen, como queriéndole preguntar por su currículum o títulos cursados en el pasado. No se conforma con gran cosa, más que quedarse con el color o lo opaco de los ojos, se percata de las rudas fragancias que emite el pez, de compararlo con contrarios y alternativos competidores. También se fija en el precio, y sobretodo, de la promesa que aún siendo tácita le haga el animal respecto a una opípara comida. El período electoral acontece un sucedáneo de la lonja y, desde luego, igualmente del mercado. Claro que ninguna imitación jamás ha superado lo idéntico o genuinamente creado.

La sociedad se halla infectada del síndrome del Mercado, del flujo del maná bursátil y del preciado, acaso dador de felicidad, bien adinerado. Las relaciones laborales sucumben a la seducción de la regla áurea de lo cotidiano, el mundo se transforma en un gigantesco supermercado y lo político, cuanto menos vagamente, recuerda más a la Boqueria que al Senado Romano. Cicerón acontece verdulero y Catón el rey del pescado, los productos son ofrecidos, ya sin tener en cuenta el precio del maná, pero sí la presunta orientación del proyecto, aunque ésta fuera más propia de señales de tráfico.

Acaso mi maternal enseñanza no deja de evitar que yo caiga inconscientemente en el pecado; en definitiva, tal vez uno piense en querer dejar pasar las votaciones de largo. Sin embargo, la atracción por la historia le hace a uno ver símiles con la rebelión Niká, con los pretorianos, con los jenízaros y acaso con la Revolución francesa o el *kemalismo desendictatoriado*.

La conciencia de no querer ser juguete del tirano me hace identificar a políticos con pescado, intentar examinar más los ojos y, cómo no, programas y exigencias respecto al Pasado. No alcanzo a entender la disparidad de criterios entre elegir los ingredientes de una paella y los de determinar un arco parlamentario.

Curioso pero cierto. La frustración por lo democrático y el negativo arrebato generado por lo político me hace ver cómo la gente parece cocinar el producto sin haber mirado antes los ojos del pescado. Genial. Lo atávico del comer sigue siendo superior a lo electoral de lo democrático. Cómo pudiera ser de otra forma si en uno no hay alternativa pero sí en lo popularmente soberano.

La esclavitud fáctica del Leviatán economizado acarrea gravitatorias consecuencias al desempleado, evitables, en parte, firmando la propuesta del jefe soberano. Cierto. La falta de voto también conduce a la evitable esclavitud de la indiferencia. Dejar el corral a políticos de turno y a votantes, tan militantes como exaltados. Pongamos fin a eso. Examinemos con calma, más allá de la orientación, programas, precedentes, miembros y sueños de prosperidad para el Futuro. Vayamos a votar por obligación, por el sentimiento de libertad por el que tanto se luchó en el pasado, por pintar algo en el banquete, por intentar cocinar una generosa comida para el Futuro, habiendo mirado antes los ojos del pescado.

El consuelo de la igualdad entre iguales

> *Hay seres humanos que no pueden ir a Fantasía*
> *—dijo el señor Koreander a Bastian—,*
> *y los hay que pueden pero se quedan para siempre allí.*
> *Y luego hay algunos que van a Fantasía y regresan.*
> *Como tú. Y que devuelven la salud a ambos mundos.*
>
> La Historia Interminable, Michael Ende

Aquella noche caminaba por pasillos imbuido por la magia del más sonámbulo de los sueños. Para mi asombro, precisamente sueño acontecían mis miembros, mi torso, mi cuello, mi cabeza o mis melancólicos pasos. Todo era metafísica, esencia y espíritu, en definitiva, un placentero sueño. De repente hace aparición ante mí un rostro familiar, una imagen semejante a descendienta presente, una maternal anfitriona introduciendo a un nuevo, a la vez que pequeño, huésped. Descubro que el diminuto chiquillo se me parece, que la mano que le guía me resulta familiar y sus palabras me suenan a placentera nana, misericordioso consejo, maravilloso recuerdo.

La puerta se abre, una rubia Montserrat, acaso en comparación con el pequeño tan grande como la montaña, rapta al chaval del regazo de su benefactora para introducirlo en el imperio de la pertenencia. El chico irrumpe necesariamente en su particular Fuente de la Vida, forzosamente deja a un lado su monótono mundo infantil, cariñoso, en crisis por necesidad y que para siempre no estará ligado sólo a la Fantasía. De repente comprende que es un igual ante los presentes, otro mimado, otro reñido, otro aprendiz, siendo claros, otro alumno.

La ausencia de pilar donde arrimarse le obliga a identificarse con el desgraciado compañero de turno. El imitador de liliputiense bien puede llorar, su abuela ya se ha marchado. La profesora habla de conocidas palabras en profanos versos. Las letras le son deletreadas y no habladas, las manos muestran y no guían, el chico de repente toma conciencia, muy primordialmente, de lo necesario de tener algo de autónomo, de que la placenta queda algo lejos y que la madre protectora se halla en casa o trabajando, no me acuerdo, pero el niño no se podía estar para siempre llorando.

El sentimiento de pertenencia muestra cuánto ayuda el sentirme miembro de una clase, ser uno más entre iguales, ser consciente de que la jugarreta, cuanto menos, le afecta a algún otro más que al propio. Se acabaron los gloriosos días de anarquía, el verdoso sofá del tío es invocado con la mente, las lentejas demandas en fantasiosas manifestaciones y los episodios de *Alf* añorados como el más preciado de los manas del Cielo. Es curioso, el chavalico, o yo mismo, no alcanza a comprender si vale más él, el sofá, las lentejas o el televisor de casa del tío. Sólo comprende que debe pertenecer a algo, que él sólo no está a gusto, ¡porqué la abuela le ha tenido que dejar indefenso entre esas paredes! De golpe llega el Némesis, el caminante de la noche despierta a golpe de despertador, el niño se esfuma en el Pasado, otros en el inmortal recuerdo de la mente. Él, algo más maduro, chico se identifica con el chavalillo, ¡cuánto tiempo ha pasado, juraría que yo era él y el sueño mi primer día de colegio!

Me ducho, desayuno, doy el preceptivo beso a la mama y voy al colegio de universitarios. Siento la necesidad de tener que identificar con el enchaquetado compañero de trayecto, la somnolienta mujer que se sienta al lado mío o el chico, algo más joven, que se dirige a la obra con su gorra y su chaleco. No puedo permanecer vagando en la soledad del vagabundo. Solo, la inercia de la Fantasía me fagotiza en tanto que efecto incontrolable.

No. Ese día estoy de humor. Un afán de valentía se inmiscuye por mis venas, quién sabe si también por mis arterias, ¡me inmiscuiré por las inexistentes fronteras de fantasía!, imaginaré que me encuentro en un mudo puro de entre iguales, donde mi voluntad impera necesariamente, dónde yo cuento la historia; desde luego, esa que por necesidad es interminable. Descubro que en mi mundo todos me respetan, no me llevan la contraria e incluso se me parecen. Hoy he acabado de leerme el libro de Ende, me doy cuenta de que debo seguir aquello que me ordenó el maestro Koreander, debo intentar salir de Fantasía, devolver el equilibrio, devolver el puente entre los dos mundos.

El vecino de asiento lee el periódico, descubro los resultados de aquellos que, afortunadamente, han sido electos. Fortuna en tanto que suerte de participar en lo no practicado, de salir vencido en la derrota, democratizado en la fantástica heroicidad de imponer la voluntad de su respuesta a quienes no te han, ni por asomo, preguntado. Descubres que algunos pierden las esperanzas, ¿acaso lo digiera Gmork?, y que otros no han vuelto de Fantasía, ¿se refería a ello el señor Koreander? Descubro que en el sueño pertenecía a una clase, en la realidad a un vagón, una hora después, si no hay ningún contratiempo, a una clase de Mercantil, hace un mes a un viaje, dentro de dos a un anguiteño pueblo. Cuan curioso es la cosa, cambio de paradero como de ropa, ¡cuan difícil es amarrar en algún puerto cuando sopla tan fuerte el viento de los tiempos!

De golpe recuerdo la enseñanza del endiano libro, saldré del mundo de lo fantástico, entraré en el equilibrio, doy una vista a la realidad y me percato de que soy yo, el de ayer, el de mañana y el chaval del sueño. Acaso debería darme cuenta de que cuenta más el barco que el mar o el paradero, que las personas son lo que de verdad existen, más que los metafísicos ideales, las paranoias nacionales, los viajes a lugares sin destina o las conversiones de comarcas, países, naciones o huertos en paradigmas del modelo ejemplar, de hombre libre con capacidad y autonomía. Me habla el mundo de Fantasía, ¿acaso es Fujur o Atreyu?, pero recuerdo que yo he votado, creo que acertadamente, y que vivo en el mundo de los reales.

Las elecciones, el jornalero y el señorito

El árido respirar de la estepa calienta la faz del caminante de turno. Los cereales, acaso dos veces encañados a lo largo del año, denuncian riqueza, a la vez que el viejo olivo respira plata, para crear después áureo caldo. El gotear del maná líquido no parece faltar, existe una presa en la montaña y una balsa en el cortijo. La Coronela hace las veces de parque público, de Corte Inglés y de lamentable factoría SEAT a la andaluza. El latifundio se convierte en el mundo, y su dueño en la deidad del terreno. El terrateniente, rico, noble o señorito acontece inexpugnable, no es que sea de otra materia, simplemente vive en otro sitio.

Tales recuerdos no me vienen por casualidad. Consulto los resultados electorales de mi "otro pueblo" por Internet, descubro que Izquierda Unida gana en La Puebla de Cazalla. Tan raro como curioso, sólo triunfan en pueblos sureños estereotipados por la Puebla y demás residencias de jornaleros. Sospecho que el resultado es diferente en los dos colosos vecinos, Osuna, aún resistiendo, experimenta un acercamiento por el PP, el mismo partido que arrasa en Morón de la Frontera. Señores, son tres municipios vecinos en una distancia en la que a duras penas se diferencian los términos. Comparo el fenómeno con lo presenciado ayer en el especial de TV3. Me acuerdo de que algo así sucedía por Cataluña y que los socialistas arrasaban en L'Hospitalet y Santa Coloma, lo mismo que CIU y ERC en Ripoll o Solsona. Curioso, urbes de una misma comunidad experimentan diferentes resultados, como si fueran dos mundos, dos regiones, dos naciones.

Luego está el alto índice de abstención catalán, lo siento, pero dudo que participen de él, significativamente, los votantes más fanáticos y/o exaltados. No hay mejor prueba de la crisis actual, del desarraigo de la gente, de la benevolencia del dirigente de turno con la ramera del Poder, de la comodidad del trono de la alcaldía sin sudar las nobles artes de la dialéctica, la propuesta y la realidad, al menos en la mísera medida que permite la difusa ciencia de la política. Sigo con las comparaciones. La Puebla de Cazalla tiene un índice de participación muchísimo más elevado que un pueblo de sus dimensiones en Cataluña. ¿Será que acaso tengan más cultura democrática?, creo que no. ¿Será que les han planteado bien la disyuntiva?, creo que por allá cabe buscar mayormente la solución a la pregunta.

La Puebla responde a Morón, a Sevilla, y en menor medida a Osuna, que está harta de señoritos, de la explotación barata del jornalero y del regalo de feria, jamón y pescaito a precio de orgullo, honor y salario. El pueblo vota, porque tiene incentivo, vence la izquierda porque el obrero está mayormente necesitado, o también puede ser que el candidato haya sabido estar más identificado. Acaece lo mismo en Hospitalet, Santa Coloma, San Adrián o Badalona, el pobre quiere ser rico y el rico seguir teniendo la olla algo más que llena. No es un ataque generalizado, alguno dirá nacional, de esquizofrenia, ¡que va!, yo me decanto por pensar que se trata de la eterna oscilación de las clases sociales y de su traducción en la política. Seguro que muchos verán el abismo identitario entre el Bages y el Berguedà frente al Baix Llobregat y el Maresme, quizás tengan razón. Pero yo lo relaciono más con su homónimo de La Puebla frente a Morón, de comunismo contra capitalismo, de derechas contra izquierdas, de obrero contra capataz, empresario o señorito. ¡Quién dijo que las clases sociales no existen y que la lucha social es una antigualla de otros tiempos!

Líderes de lo complejo: buscando la especificidad de los humanos

"En efecto, que es "de día" y que hay "luz" lo perciben, sin duda, los lobos, los perros y los pájaros; pero que "si es de día, hay luz" ningún otro ser lo comprende excepto el hombre, porque él sólo tiene conocimiento del antecedente y del consecuente, de su significación y conexión mutuas, de su semejanza y diferencia, a partir de las cuales las demostraciones toman el fundamento más firme."

Plutarco, Sobre la E de Delfos

El cambiante tiempo, pese a ser riguroso con su avaro carácter, no deja de reparar algún que otro preciado regalo en forma de bello acontecimiento. Pienso en el pasado diciembre, recuerdo cómo la hermosa clívia primaveral florecía en el más gélido, formalmente, de los meses. Desafiando lo rutinario, la virtuosa doncella apetalada no conoce ni la norma ni el tiempo y tal vez tampoco lo correcto. La flor parecía querer desafiar a la maldad que siempre acompaña al dichoso cambio, brindando a nuestros ojos un regalo en forma de anaranjadas joyas bañadas en virtuosa naturaleza. Decididamente el pródigo ser no tiene conciencia de calendario alguno.

Florece con el Sol nutriéndose con cualquier agua, no sabe qué es una helada o una sequía, simplemente está adaptada para medrar floreciendo en cuanto se le dispongan las circunstancias idóneas, ¡cuan dura es la selección natural que no deja a la planta ser consciente de la primavera!

Algún animal también se ha desorientado con el cambio. El oso asturiano no hiberna y la cigüeña no quiere abandonar las bellas estampas de la Meseta, ¿qué sucede? ¿gandulea la naturaleza, es inteligente la bestia o simplemente cambia todo por orden del hipotético director divino de orquestra? La respuesta es una cuestión devota del mayor de los misterios, acaso debamos defender que la gandulería es una seña de inteligencia o, simplemente, que el propio don da razón de la falta de necesidad de esfuerzo al animal, negando la idea de Plutarco.

Seguro que ni el oso bezudo ni el chimpancé selvático han oído hablar de teoría de la relatividad alguna ni tampoco saben, en primordial conocimiento alguno, nada sobre el calendario, la medición del tiempo o las matemáticas. Rara conjetura, está claro que la clívia no es docta en sabiduría de la misma forma que los animales, por contra, parecen darse cuenta de la falta de necesidad de hibernar o migrar al cambiar los tiempos.

No podemos echar la culpa a la selección natural, puesto que las cigüeñas que se han quedado no son las más débiles sino grupos enteros, no siendo tampoco un individuo los osos que no han querido meterse en la cueva. Resulta ser que los animales se revelan contra Plutarco, que la selección del más fuerte físicamente no lo significa todo y que alguien más parece ser consciente del cambio.

Tratemos una segunda controversia. El oso, el chacal, el guepardo, el gorila y el hombre, ¿son un ejemplo de cómo la evolución tiende a la perfección de la complejidad, a la invención de la más desarrollada, eventualmente, de las inteligencias?, es decir, ¿somos nosotros el último escalón? No lo creo. Es de lógica matemática que al conquistar la tierra la vida animal algún ser tuvo que ser el primero, pero por ello no ha sido, por el fin de los tiempos, ni el más complejo ni el más perfecto.

Cuando los anfibios conquistaron la tierra en el Devónico los tiburones ya existían, valga la trivialidad de constatar cómo siguen existieron mientras que los afortunados conquistadores se extinguieron. ¿A dónde voy? Creo que la inteligencia humana, efectivamente, se caracteriza por el potencial de analizar causas y consecuentes a niveles elevados, que parece ser, que hasta el momento, somos los únicos en tener conciencia sapiencial, que no instinto o mera memoria práctica, del Pasado, de nuestra Historia y de nuestros antecesores. Sin embargo, el alimoche sigue rompiendo huevos de avestruz con piedras, los elefantes llorando a sus muertos y los chimpancés sacando termitas con ramas perforadoras. A todo ello se suma la sociedad y arquitectura de abejas y hormigas, la capacidad de guía del ave migratoria o la malicia en el maniobrar del depredador felino. ¿Dónde están los contornos concretos de nuestra eventual superioridad como especie?

Algunos creen que el Futuro será el reino de las hormigas o de las medusas. Que el calentamiento extinguirá buena parte de la macrofauna, y también quizás a nosotros. No lo sé, ni realmente me importa. Creo que nuestras preocupaciones ambientales son obligación en tanto que parte de nuestra misión como especie, que tenemos una especial posición de garantes frente al resto de vecinos de nuestra natural vivienda. Quizás sea eso junto con el saber y la imaginación las armas especiales que nos hacen humanos. Pensemos, ya que no podemos volar, imaginemos fantásticos sueños, al no poder respirar bajo el mar, no somos ni menos ni más complejos o perfectos, simplemente tenemos un sitio ecológico y unas facultades, cumplámoslas y seguramente con ello será suficiente.

Sobre el miedo a la muerte

Para una persona no caracteriza por ser especialmente religiosa, los expertos en espiritualidad, religión comparada y teorías de la metafísica a través de las creencias de toda civilización humana, no dejan de causar cierto recelo a sus inquietudes sapienciales. Sus ideas, pensamientos y reflexiones acontecen banal "agua de borrajas", amorfa espuma de eventual conocimiento, caótico discurso sólo comprensible para aquellas gentes, tan curiosas como extrañas, que se llaman a sí mismos "iniciados".

No obstante, mi joven existencia me ha permitido constatar cómo el error, dentro de sus diversos grados, no deja de ser un instrumento de conocimiento de primer orden. El cambio, a la vez que inevitable, es aún más pertinente cuando es voluntario. La corrección, desde luego guiada por superiores mentes, me hizo ver el talante de autores como Coomaraswamy y Mircea Eliade.

Teóricos curiosos, por supuesto, bohemios dirían algunos, pero no deja de ser cierto el hecho de que sus ideas cubren esferas de conocimiento abandonadas en nuestra era. No volveré a Ende y su mundo de Fantasía pero debo de reconocer que aquello que más me fascina de tales autores es cómo todos ellos, desde distintas ópticas e ideologías, nos hacen ver lo diferente que ha sido la visión del hombre, a través de los tiempos, de su existencia. Quizás más que nada en el Mundo, haya sido la Muerte aquello que más ha condicionado el devenir de toda civilización y cultura.

Peter Matthiessen, en su interesantísima obra "El leopardo de las nieves" (*Editorial Siruela*), cita un pasaje escrito por el gran Coomaraswamy acerca del pensamiento del místico Sakyamuni, más conocido como Buda: "No sufras por mí: laméntate más bien por los que quedan atrás, sujetos por anhelos cuyo fruto es el sufrimiento… porque ¿cómo confiar en la vida si siempre tenemos a la muerte delante de los ojos?... Incluso aunque regresara con mis parientes por razones de afecto, también al final nos separaría la muerte. Este reunirse y separarse de los seres vivos se asemeja a las nubes que después de juntarse vuelven a separarse, o a las hojas que caen de los árboles. No hay nada que podamos llamar nuestro en una unión que no pasa de ser un sueño…".

¡Genial! A priori el pensamiento de Buda es de eterna actualidad, quizás nunca mejor dicho, siendo, algo más que curioso, cómo su mensaje se asemeja *mutas mutandi* a la mitología de los sueños de los aborígenes australianos o a los ritos practicados por los antiguos indios americanos e incluso por los ancestros celtíberos. En esta última sociedad, dice la Historia (¿acaso debiéramos hablar de leyenda?), los ancianos, al verse desvalidos, no sólo no huían de la muerte sino que la buscaban con el sino de no evitar lo inevitable y no generar una gravosa carga a la tribu. Decisión poco acertada, desde mi punto de vista o al menos desde la perspectiva que me brinda el vivir en estos tiempos.

Los antiguos tenían a la muerte como el núcleo de sus creencias y vidas. El romano fundaba, decía Fustel de Coulanges, la familia en torno al *paterfamilias* y el culto a una religión familiar (los *lares* y los manes) representados en el hogar (fuego sagrado) y que eran la reencarnación de las vidas de sus difuntos parientes. Es más que probable que la idea del autor francés no fuera del todo exacta pero sí que es cierto que tanto egipcios, romanos como griegos disponían de exaltas ceremonias para honrar a sus muertos. Lo opulento del ritual se trasladó a nuestros más directos antecesores a través del cristianismo, desviándose Occidente del pensamiento primigenio de los aborígenes australianos, celtíberos y el profeta Sakyamuni.

No obstante, cierto es que se acontece que los defensores de esta última posición fueron vencidos por los infalibles paladines de la primera. En otras palabras, tanto los celtíberos, como los aborígenes o los indios americanos cedieron ante el avance de romanos, cristianos y demás estirpes de descendientes. Me pregunto si el miedo a la muerte es más un don que una carga. Un regalo a los occidentales dado por la selección natural, o lo que es lo mismo, la ley del más fuerte.

Se me acontece como probable que el miedo a un final nos haga gozar del principio. La segura venida de la inmisericorde visitante enlutada es un correlativo de nuestras ganas de vivir y de nuestro espíritu de desafío. Aquellos que no temieron a la muerte, sino que participaron de su eventual magia, no sólo se mantendrían en un status más estático y predeterminado por los años sino que serían dominados por los aterrorizados servidores de la negra dueña.

Será el gran efecto de la máxima de que no hay mal que por bien no venga, o quizás también una manifestación de los polos opuestos, de cómo el día no se determina sin la noche o lo fatal de lo excelso. Perdonen mi apocalíptica reflexión, acaso demasiado nebulosa, pero acaso no pudiera llegarse a ver en el miedo a la muerte el origen del motor del progreso y del placer, de la innovación y el aprovechamiento. ¿Qué incentivo tiene aquel que se cree eterno? Prefiero no pensarlo, la muerte quizás deba ser vista con otra óptica pero siempre deberá ser temida en pro del desarrollo, o eso ¡o nos hacemos todos budistas!

La seducción por lo malo

Debo confesarme como un enamorado de la paleontología. La fauna de otros tiempos siempre ha poblado mi mundo de fantasía, mis pensamientos, mis aficiones. Seguro que los seres que anduvieron por nuestro planeta fueron muy diferentes a como son imaginados. Es evidente, y constituye la gracia de nuestra potestad inventiva. Sin embargo, todo lo excelso requiere, inmisericordemente, de una pedrada en el ojo, y no deja de impresionarme cómo el hombre tiende a ser seducido más por lo violento que por lo pacífico, pintar la guerra más que la paz, por la bravura en la lucha y no por la recapacitación de la tregua.

Me incluyo en el grupo. Mis libros de dinosaurios de la infancia empezaban todos por el tiranosaurio y no por dinosaurios pico de pato, mi película favorita trataba de un monarca felino y no de las virtudes del ñu o la gacela, a ello sumar que mi adrenalina se descargaba en programas de *"Pressing Catch"*, posteriores imitaciones con el vecino y partidas al *Mortal Kombat* o al *Street Fighter*. ¡Qué se le va a hacer!, las agresiones siempre han sido más interesantes que los abrazos, no sé si es por la violencia innata de nuestra psique, la tranquilidad de ver a salvo la desgracia ajena, aun siendo ficticia, o el instinto animal de excitarse el individuo con todo lo relativo a la lucha.

Pienso en los grupos de chimpancés y babuinos en cómo la pelea entre algunos miembros acaba siendo un acontecimiento del grupo, produciéndose grandes escaramuzas grupales con el ánimo de establecer la estructura jerárquica del grupo. En otras palabras, frente a los votos vale más la pelea. No deja ser curioso cuánto se parece tal comportamiento al del *establishment* de nuestro mundo globalizado.

El caso es que al común de los terrenos les viene a la cabeza el *tyrannosaurus* al hablar de dinosaurios y el león al hablar de la sabana africana. Creo que tal vez, intentando evitar caer en el pensamiento de que somos violentos sin remedio, no se trate más que de resquicios predeterminados de esa psique incorporada a nuestros cuerpos que desde los primeros tiempos nos ha salvado de peligros y depredadores. En los primeros tiempos de nómadas cazadores, la atracción por la violencia encolerizó nuestras mentes transformándonos en superpredadores de la fauna de la sabana, el bosque o la estepa. La violencia quizás no deje de ser la pesada herencia de una pasada existencia en el hostil mundo de la naturaleza. Aquél donde sólo rige la selección natural, la fuerza y la fiereza.

Garras, caparazones, alas, picos, escamas... son términos que en uno u otro momento pueden ser reducidos a un término relacionado con el campo semántico de lo violento ya sea el ataque, la depredación o la defensa. Quizás nuestro cerebro tenga orígenes más violentos que pacíficos, siendo la definitiva arma que nos ha brindado la posibilidad de doblegar a nuestros naturales enemigos. Quién dice que nuestra seducción por el boxeo y los juegos de lucha no deja de ser el poso de ese acerbo evolutivo, algo semejante al apéndice de nuestro hueso sacro, que otrora fue una simiesca cola.

Quizás haya encontrado una respuesta, y sea la benevolencia y el altruismo parte de los conceptos que más nos humanizan. Cierto es que también puede reducirse todo acto bueno a la necesidad de mantener la convivencia grupal, y así nuestra supervivencia, pero cierto es también que toda acción violenta nos asemeja más a nuestros parientes animales, quizás irremediablemente, quizás sin que se note aún la diferencia entre ellos y nosotros.

La Metahistoria

Hoy me ha llegado el libro: "Memorias de la Tierra", de la editorial El Serval. Se trata de una preciada joya buscada durante largo tiempo, un monumento al buen gusto artístico y a mi afición incondicional por la paleontología. Sin duda alguna muchos acusan al lector de tales obras de víctima del *complejo de Peter Pan y* a sus aficiones de restos de una, aún no consumada, infancia. Nada más lejos de la Realidad. Participo del paradigma actual que considera como existente la teoría evolutiva y niega todo argumento a favor de la generación espontánea. Sigo defendiendo el mundo metafísico, fantástico, de nuestras mentes, el simbolismo de lo material y lo adoctrinador de las metáforas y alegorías, pero lo veo como parte de nuestras armas de selección natural, de nuestro legado como especie. Una vez aceptados estos presupuestos irrumpe en nuestras mentes la idea de que tan historia nuestra pudieran ser los dinosaurios como las conquistas de Julio César. Increíble pero cierto, o cuanto menos, coherente con el actual paradigma.

Si admitimos la selección natural, es decir, la teoría evolutiva frente al fijismo y el catastrofismo de los tiempos, es obvio que nuestros antepasados, antaño, no gozaron de forma humana, y los más remotos, ni se nos parecieron. Pongo por ejemplo a *pikaia*, el primer "vertebrado" conocido. Su existencia es igualmente imprescindible dentro de nuestro estado de conocimiento, lo mismo que las teorías de Newton o las obras de Aristóteles, si acaso más importante aún, en tanto que nos muestra el camino seguido hasta nuestra aparición como especie.

Son pocos aquellos que han incluido a la denominada Historia Natural como parte perteneciente a nuestra Historia. Sin embargo, la norma no acaba con la excepción y profesores como David Christian en su obra: "Mapas del Tiempo" (*Editorial Crítica*) defienden el estudio de nuestros orígenes desde el Big Bang hasta la actualidad. Sin duda alguna se trata de una tarea acaso inabordable, pero no deja de ser expresivo cómo un profesor de prestigio, y además desde la rama de las ciencias sociales, ha reivindicado la idea.

Nuestros planes de estudio, manuales, pensamientos e incluso ideas y opiniones siguen viendo el Pasado de nuestro planeta como producto de las irreales fantasías de algunos. No les falta parte de razón, el pasado no deja de ser recreación puesto que jamás se ha vivido. Lo investigado no sale del mundo de lo hipotético y, desde luego, esa es la esencia de toda Ciencia. Quizás sea un rastro de mi pensamiento jurídico pero es plenamente cierto que la prueba es aquello que, innegablemente, apoya todo enunciado fácticamente cierto. Ante lo imposible de alcanzar la verdad absoluta, si es que acaso existe, nuestro paradigma científico establece convencionalmente una serie de presupuestos y de reglas. Seguro que cambiarán con el paso del tiempo, como siempre ha acaecido, pero cierto es que el acervo histórico de posiciones pasadas no desaparece al cambiar de paradigma, pues, valga el latinajo, "*historia non facit saltus*". Quizás por ello se explica que nuestros estudios sean más devotos de la Religión que del actual paradigma científico.

Seamos congruentes, no nos quedemos con las fantasiosas representaciones de lo sauriano y reivindiquemos la metahistoria, la unión de las ciencias sociales y las naturales, la lucha contra los excesos de la especialización y la falta de apoyo "espiritual" alguno. Construyamos nuestro propio lugar en la historia, pero no quitemos a nuestros antepasados el puesto que antaño tuvieron en la Realidad y que eternamente detentarán en la huella del discurrir de los tiempos.

Redescubriendo al unicornio

No creo caer en el más redundante de los baladíes si hablo de la gracia de lo mitológico. La riqueza de aquellas fantasías soñadas por la comunidad, respuestas etéreas a un mundo inescrutable, que facultaban de cábalas al místico y de cuentos al infante. El pensamiento actual, estrictamente positivista, nos aleja de lo mágico, de lo trascendente, acaso también de lo literario. Vemos materia cotidiana en vez de símbolos que denotan antiguas historias. El acervo cultural que nos llega de la praxis mitológica de los ancianos sucumbe a las herramientas del actual método científico. El revisionismo del mito es una manifestación clarividente del suceso.

Me viene a la cabeza la grácil figura del unicornio. Bestia fiera y poderosa donde las haya, capaz de ser eventualmente cazada, única y exclusivamente, si se hallaba bajo el regazo de una doncella virgen, simbolismo de la castidad inmaculada frente al fervor de la bestia. No hace falta aclarar que la idea es cristiana y que los poderes del animal se hayan imbuidos, más que por la Ciencia del momento, por la Biblia y los Evangelios. Pese a todo, la historia del unicornio adquiere hoy en día otras visiones fruto del cambio de prisma, de lo metafísico a lo empírico, de lo mitológico a lo científico.

El hombre actual amenaza con no conformarse con la tradición de sus ancestros, busca el origen del mito fuera de las mentes pasadas para centrarse en animales modernos, huesos y algún que otro códice mugriento. Sin lugar a dudas, la creación del mito es el resultado de imaginar soluciones hipotéticas a cuestiones existenciales sin solución aparente. No por casualidad, tales propuestas tienden a lo sobrenatural, lo seductor, imaginario y excelso. La manipulación del mito por la religión imperante acontece como un poderoso arte. ¡Para que centrarse en las banales huellas de lo Real renunciando a lo estratosféricamente cautivador de la Fantasía!

Restos de grandes cuernos pueden hallarse a lo largo y ancho del continente euroasiático, tierras de origen del mito. Se cree que muchos de los rastros no eran más que colmillos de mamut y rastros del gigantesco rinoceronte *elasmotherium*. Nada más lejos de la Realidad, pese a que tales pistas alimentaran al mito, testimonios como los de San Isidoro, Plinio o Marco Polo nos hacen pensar que el animal del que surgió el mito del unicornio permanece, aunque sea muy precariamente entre nosotros.

"Tiene el cuerpo de caballo, cabeza de ciervo, los pies de elefante y la cola de jabalí. Su mugido es grave; un solo cuerno negro, de dos codos de largo, se eleva en medio de su frente. Se niega a que pueda ser atrapado vivo", tal descripción fue realizada por Plinio. Parece ser que se aviene, con total rigor, a la descripción del actual rinoceronte indio. Se dice que se trataba de una fiera tan feroz que era capaz de destripar a un elefante en los juegos. El odio entre ambas especies es devoto de la mayor épica, siendo los romanos

unos enamorados de sus cualidades. La bestia acostumbraba a afilarse su cuerno antes del combate, su velocidad se incrementaba en la medida en que se desarrollaba la persecución, sobrepasando, con creces, la velocidad del humano.

De los testimonios que nos han llegado hasta la actualidad poca duda cabe de que el rinoceronte indio es el candidato mejor colocado para ser considerado el nuevo unicornio, sin embargo, bajo mi punto de vista, de la multitud de fuentes, bien pudiera concluirse que el legendario ser no deja de ser el clímax representativo de todo un cúmulo de imágenes de mundos otrora desconocidos. A ello parece referirse el libro *Propietez des bestes* cuando habla de los tres tipos de unicornio.

Algunos juzgarán que el encanto del animal real acaba con todo el sentido del mito del unicornio, otros, en los que yo me incluyo, dirán que rinoceronte y unicornio, no por afán de contrariar a San Isidoro de Sevilla, pueblan mundos diferentes aunque paralelos. Diferentes dimensiones, uno la Real, otro los parajes de Fantasía.

Todo el historial cultural de historias y leyendas fantásticas es ajeno al espécimen asiático, el grácil caballo monoceros no deja de ser un ejemplo de cómo lo fantástico no debe ser afectado por los métodos del empirismo y de lo científico. El paso de la Imaginación al mundo real, ya lo dijo Ende, constituye la concepción de una mentida. Salvaguardemos al animal y a su ecosistema, sin dañar la historia legendaria del mito y todo lo que el acerbo de la historia comporta.

El cura, el augur y el psicólogo

Humanistas, religiosos, jusnaturalistas, moralistas, Ende... coinciden en destacar los peligros de un mundo excesivamente ligado a la Realidad de lo fáctico. Escenario donde empirismo y racionalidad, aparentemente, se configuran como argumentos básicos, axiomas de todo nuestro sistema. Lo irreal no cabe en tanto que mentira. Algunos creen en Dios, otros en la teoría del Caos e incluso algunos no opinan, el misterio del mundo de nuestros pensamientos acontece fantasías de niño y los adornos de la lírica parte de nuestras ocupaciones, si acaso, del tiempo de recreo. La expresividad de nuestras letras carece de utilidad alguna fuera de los libros de poesía, la especialidad y la clareza hacen tributo a la máxima cumbre de lo mundano, aquello que los juristas llamamos: *in claris non fit interpretatio*.

Proliferan los ruines libros de autoayuda, los poderes psíquicos de estrambóticos sanadores, las pócimas mágicas de maestros de las plantas y las consultas interminables de confidentes sustitutivos de antiguos curas. El estudio de los antiguos nos muestra a gente supersticiosa creyente en lo irreal de los sagrados fenómenos. Gente cegada por las directrices de manipuladores sacerdotes y embaucadores oráculos. El griego, romano o caldeo acontece como el maestro de los sueños, las creencias, la irracionalidad y la ignorancia. En definitiva, usan la Ciencia y la Razón por accidente y la Fantasía por norma.

 Las fábulas de Esopo no son nada más que los inicios de la literatura infantil así como las enseñanzas del Libro de las Bestias no pasan de ser mera poesía para mentes inexpertas. La lectura del Conde Lucanor se convierte en deberes de la clase de literatura y el descubrimiento de la Historia Interminable, adolecido por la pereza de la infancia o bien por la pretensión de madurez de la vida adulta, un hecho de casi imposible perfección. Todos estamos completos en tanto que maduros. El que enseña pasa por petulante, embaucador, predicador, intelectual, pensador o demás adjetivos propios, más de la infamia, que de la verdadera ciencia. Todo ello irrigado por la mayoría emergente de desprestigiados del cuerpo, tal vez alguien se haya olvidado que, además de pensadores, Russell fue matemático y Aristóteles maestro.

 Opino que quizás erremos en nuestra concepción de algunas instituciones antaño sagradas. No es la primera vez que se habla del error de ver los tiempos pasados desde la óptica presente. De tratar al romano como si viviera en un suburbio de Nueva York o al hombre de *Cromagnon* con la mentalidad del mercader del Estambul otomano. Las mentalidades cambian con el tiempo, junto con la moral, las normas, y ante todo, las necesidades. Obviamente lo característico de lo eterno se caracteriza por permanecer, ya sean las bases de la lógica como el principio de identidad o alguna que otra regla universal de las matemáticas, junto con las necedades atávicas del ser vivo que siempre perduran.

No sé si puede ser declarada como necesidad vital, pero en no pocas ocasiones, el hombre está necesitado de un guía. Mayoritariamente se acepta, en la Actualidad, la opción del psicólogo como una herramienta vital para nuestra salud mental. El psiquiatra o el terapeuta acontecen médicos de la mente, a la vez que profesionales de la confidencia. No tengo la menor duda de que su papel quita prestigio, y también necesidad, al papel del antiguo párroco.

La secularización social conlleva la privatización de los medios, así como también de las ayudas. No es que sea una defensa de la eventual labor actual del sacerdocio, si no una constatación de cómo, en muy buena medida, el psicólogo sustituye al cura.

Pasa lo mismo con las fábulas, libros como los de Ramón Llull o instituciones como los oráculos.

En la civilizaciones pasadas el papel de la lírica y del mito contaba con el prestigio de lo útil, catártico y necesario para las crisis existenciales de nuestra hostil deriva por los senderos de la vida. El mensaje del oráculo acontecía fábula o metáfora, la falta de claridad del enunciado no hacia más que instar a la reflexión y la retrospección sobre uno mismo. La autonomía del ser venía favorecida por los impulsos de la pitonisa, el sacerdote de turno o la lectura del texto "sagrado". Las obras de los Séneca, Marco Aurelio, Aristóteles, Platón e incluso Santo Agustín de Hipona o Santo Tomás de Aquino eran ante todo metáforas de "verdades" de otro mundo. Negaciones de la inevitable conversión de la Fantasía en mentira. Monumento a la evidencia de que la riqueza de espíritu medra en la conjunción de nuestro mundo, personal y cerebral, de lo metafísico como horno donde cocinar el ingenio que atiza nuestros conocimientos y aboga por nuestro crecimiento sapiencial. Quizás no nazcamos con una tabula rasa sino con folios en blanco. Una historia, que al principio únicamente es escrita por los paisajes de Fantasía, pasando con el tiempo a ser contrastada con la Realidad, pues es el ingenio y la comparación, cuanto menos para los humanistas, un presupuesto necesario para el uso certero de la razón, escritor eterno de nuestra interminable historia.

Sueños romanos, golpes de carneros

Imannuel Kant afirmó que "una violenta abrogación de la ley y la justicia en un lugar tiene consecuencias en otros muchos y se puede experimentar en todas partes". Desde luego, debemos reconocer al filósofo ilustrado haber previsto algo que acentuadamente ocurriría siglos después. El Estado-Nación ya no posee el poder absoluto sobre sus ciudadanos y sobre sus relaciones entre ellos. El común de los terrenos ve como un espectro enorme de interrelaciones diversas les sumerge en un mundo cada vez más globalizado y receloso de fronteras. Receloso directamente porque no las entiende y las hace cada vez más difusas, generando una ineficacia del antaño efectivo poder estatal, requiriendo una nueva forma de gobierno.

No son pocos los que al leer la historia de Occidente han lamentado el derrumbamiento del Imperio Romano Occidental o la toma de Constantinopla por los turcos. Anhelando un gobierno, que como el romano, uniera a las gentes de Occidente en un marco de prosperidad, y ante todo, de Paz. Concepto esquivo a la caracterización de una violenta especie. Escudo ineficaz ante humanos deseosos de ser dioses, infames combatientes, que en busca del espejo de lo divino, no pasaron de ser rudos muflones.

Sin embargo, un Estado Mundial no es la solución, marchitándose pues toda esperanza de una nueva Roma. Precisamente es una Nueva Roma aquello que no debe surgir en un mundo interconectado y globalizado. No se debe elegir el camino, imposible y a la vez generador de conflictos, de la globalización homogeneizadora con un solo centro de poder. Hemos de escoger la globalización fragmentada que reconozca la complejidad de las gentes de este planeta y se configure como pilar en el que repose una diversidad institucionalizada. Una nueva Constantinopla o una nueva Roma no deben de resurgir de nuestros libros de historia. Un sólo centro de poder ya no es efectivo ni suficiente, se requiere todo un conjunto de centros de poder iguales y de un mismo peso específico, a su vez respaldados tanto por un poder judicial y un ejercito mundial como por una asamblea parlamentaria, quién sabe si la propia ONU con una serie de reformas. Sin embargo, para conseguir nuestro objetivo de la forma conveniente, negando todo sectarismo o manifestación de egoísmo soberano se requerirá un auge del, denominado por David Held (en su libro: *La democracia y el orden global, editorial Paidós*), derecho democrático cosmopolita.

Un derecho que haga inexcusable y obligatorio el binomio ciudadano - principio de autonomía. Que ayude a perfeccionar de forma innovadora y efectiva el viejo ideal kantiano de tratar a la persona como un fin en sí mismo y no como un medio. Hacer que cada ciudadano del globo pueda intervenir en las fuerzas que sobre él incidan, haciendo que se considere indiferente el hecho de haber nacido en una comunidad política u otra.

Obviamente ello debe de ser realizado desde una perspectiva global y afectando a todos los factores reales de poder, sin dejarse los económicos. El Mundo debe reconocer las interconexiones existentes y abrirse a las que futuriblemente acaezcan respondiendo con una nueva forma de gobierno y de entender la vida política del ciudadano. La falta de perfección global debe ser solo una cuestión de tiempo y no en realidad una indicación de que allí acabará, drásticamente, tan necesario proceso. En el campo económico ello tendría graves consecuencias y se estaría favoreciendo a aquellos que no cumplen con el derecho democrático, dando mayores motivos para sus políticas egoístas y de búsqueda del interés propio.

Es obvio pues, que en la creación de un marco que a todos nos afectará de una u otra manera la participación universal es inexcusable. De la misma forma que la sociedad constituye un sumatorio de individuos, las reglas en las que se sustente su gobierno deberán ser también la suma de las manifestaciones de voluntad consecuentes con la autonomía de cada individuo.

No debemos olvidar los sacrificios y dificultades necesarios para llegar a una comunidad democrática cosmopolita. Ello implicará una mayor distribución de los recursos, desde luego, habiendo un movimiento insalvable desde donde se concentran dichos recurso a donde se necesitan con superlativa necesidad, el Tercer Mundo. Todo ello para perfeccionar la igualdad de oportunidades, y por lo tanto la igualdad de los individuos. En conclusión, el camino hacia el modelo de democracia cosmopolita será largo e impredecible, requerirá de cambios substanciales tanto en la ciudadanía global como en los entes que la gobiernan, pero desde luego, es un objetivo alcanzable, o al menos, un bonito sueño.

Democracia frente a orden: ¿un divorcio inminente?

El filósofo, el moralista, el reformador, el idealista, todos emanan el agridulce sabor del fracaso. Las urnas no contienen *curriculums* sino votos. Mensajeros volutivos que emiten ondas que saben a libertad y a libre albedrío. Ideales que recuerdan a la importancia, la entereza, el poder y, cada día más, a la insignificancia. Leyendo la Historia de la teoría política de George H. Sabine, pude constatar cómo lo eterno, lo rudimentario, las normas, acaso físicas, de lo humano nos hacen caer en situaciones de servidumbre a cambio de promesas de seguridad. Me refiero al feudalismo, al intercambio de propiedades por garantías basadas en el funesto emblema de la Ley y del Orden.

El barón, el caudillo, el adelantado o cualquier otro noble alzaba la demagógica propaganda del Orden como excusa para privar al ciudadano de a pie de sus más elementales derechos en tanto que comunidad política. La caída del Imperio Romano dejó un vacío como pasto para la anarquía y el crimen, surgiendo lo local y feudal como sendos remedios. ¿Acaso no pudiéramos constatar algunos símiles con nuestra situación?

Los excesos de los movimientos antisistema, de las míseras bandas terroristas así como de jóvenes exaltadamente revolucionarios producen la inevitable sensación de miedo al que el humano, por razones de supervivencia, es tan adverso.

Ante el Miedo, orden y barra de acero. Esa parece ser la consigna, el cuento que anhela la infame sociedad infectada de inmadurez política. Quizás para que no les toquen la olla, su situación; que a riesgo de mejorar no acabe el asunto siendo peor. La demagogia del político de turno se impone en los cimientos más rudos del feudalismo. El otrora noble se invierte en electo político. Coja usted mis cimientos, mi esencia ciudadana, a cambio de darme seguridad a mi, a los míos, a mi empresa y a mi casa.

Triste pero cierto, somos adversos al riesgo. Los vicios del hombre amenazan con aparecer por entre las piedras, en cualquiera de los sucesivos momentos. El inevitable viaje hacía el Caos último así lo prevé, todo es riesgo, y nosotros somos cobardes en lo político, en lo ideal, en lo difícil. La Ley del Mínimo Esfuerzo nos viste cuales gráciles corderos. Carne para el lobo soberano, el nuevo Leviatán, el monstruo del totalitarismo, el inmovilismo y el latigazo del Estado gendarme. Quizás debiéramos reflexionar y apoyar a aquellos que no utilizan las banderas de lo atávico y sentimentalmente ligado a nuestra supervivencia, no tengamos miedo al Futuro y mejoremos el Presente, el acero no es buen material para la democracia, ¿o es que acaso no la preferimos al Orden?

El peligro del racismo

El momento que más espero, quizás más al final que al inicio, de toda cotidiana jornada bien pudiera ser el placentero trayecto hacia la Pompeu Fabra. Así es, sentado en uno de esos duros asientos renfianos, acompañado por la lectura de turno y la sonoridad de las conversaciones pasajeras. Hoy leía "Atila" de John Man (*Editorial Oberon*), su lectura parecía trasladarme a la Hungría Romana, a Constantinopla, y cómo no, a los Campos Cataláunicos. No obstante, esos atisbos de Realidad en los que se anclan las naves de la Fantasía me dejaban seguir siendo consciente de con quien iba compartiendo mi trayecto. Los poblados vagones amagaban con asemejarse a una conferencia de Naciones Unidas, todo era diversidad, variedad de colores y de rostros. Algunos parecían contemplar la belleza de lo foráneo, otros conversar acerca de laboriosamente trabajadas jornadas, mientras que otros, no sin dejar de rebasar el ámbito de lo mísero, aparentaban mirar de reojo al rostro extranjero.

El atávico miedo a lo foráneo se perfeccionaba en las heladas miradas de algunos, cómo queriendo acusar al otro de los males propios, cómo queriendo dibujar un retrato de la Realidad escribiendo imaginativos agravios. Si algo caracteriza al hombre es lo cansino de lo rudimentario. Las constantes intergeneracionales irrigan nuestras venas, cómo queriendo hacer tanto ofrenda al Pasado como penitencia para el Futuro. La lectura ayuda a hacerme pensar en Roma, en su caída, en cómo los bárbaros no dejaban de ser extranjeros procedentes de más allá del orbe de lo considerado civilizado, en definitiva, de lo romano.

Mis épicos sueños no sólo me trasladan a las campañas del rey de los hunos, sino también a las hazañas de su antagonista Aecio o las de su precursor Estilicón. Todos ellos de sangre impuramente extranjera. Con recombinaciones somáticas diferentes, en parte, a las de Adriano o Julio César; no obstante, estos dos últimos eran romanos. Quizás estuvieran igualmente próximos, en lo sanguíneo, a Atila pero murieron siendo los últimos guardianes del Imperio Romano Occidental: aún siendo víctimas del erotismo del Poder y las malas artes de la política, murieron siendo sacrificados ante el dios del racismo.

Aecio y Estilicón no dejan de recordar cómo parte de la inmigración germánica paso a ser sabía nueva para un necesitado ejército. El Estado del dominus romano agonizaba entre las nubes de lo arcaico. El óxido de lo eternamente expuesto corrompía los destinos del Imperio, haciendo gritar de angustia a su esencia, a sus necesidades. La inmigración de los pueblos germánicos a Roma no deja de remitirme a los inmigrantes de nuestras ciudades. La necesidad provocada por el hambre y el afán de seguridad del pellejo, flagelaba los lomos de esas gentes, no siendo Roma capaz de comprender tan inexcusable acontecimiento. Lo inevitable se manifestaba en lo irreconciliablemente hecho. Los bárbaros invadieron Roma, pero Roma no supo invadir sus corazones. Estilicón fue el hombre capaz de defender Italia frente a las tropas del visigodo Alarico. Una vez muerto éste por asesinato, el rey godo abandonó su guarida dálmata para acabar saqueando, durante el mes de agosto del año 410 d.C., la Ciudad Eterna.

Algo semejante aconteció con Aecio. Siempre en controversia con la soberana Gala Placidía, fue asesinado rastreramente por orden de su hijo, y formalmente César, Valentiniano. Flavio Aecio era hijo del general Gaudencio, militar de origen bárbaro. La impureza de su sangre hacía temblar los cimientos del *establishment* romano al verse su poder y capacidad para doblegar a sus enemigos en un hostil período. En su juventud fue rehén tanto de godos como de hunos, adquiriendo privilegiados, y muy gratos, conocimientos acerca de tales gentes. Vencería a Atila en la épica batalla de los Campos Cataláunicos, quien sabe si salvando también a Europa.

Sin caer en una posición ranciamente militarista, basta constatar cómo la heroicidad, sin lugar a dudas obligada, de ambos generales es un monumento a la xenofobia y al racismo. Ambos fueron los hombres más capaces de su época, dando la más preciada medicina para esa enferma terminal, antes conocida como Roma. La impureza de la sangre y la falta de integración de los pueblos federados precipitaron entrar al Imperio Occidental en una profunda crisis de la que no se saldría. El Mundo está sujeto al cambio no siendo los Imperio una excepción. La lección no sería aprendida por sus hermanos bizantinos, cayendo posteriormente, en circunstancias algo análogas, junto con su estelar capital constantinopolitana.

La inserción enriquece tanto genética como socialmente. La unidad de la especie se impone en la biología y en la sociedad. Los prejuicios respecto a los bárbaros no dejarían de ser reflejo de una visión maximalista y rancia de superioridad de la raza. Roma no cayó, de hecho sigue en vigor en cuanto a sus fundamentos. Monarcas germánicos posteriores cultivaron la esencia romana, existiendo intervalos de esplendor como el del ostrogodo Teodorico.

Sin embargo, el Imperio no aprendió, tampoco lo haría Bizancio. Ambas son urbes anheladas por nuestros sueños, los laureles de lo romano segrega feromonas que seducen a nuestros intelectos. Roma eterna, Roma viva, aquella que es lucero de nuestra Civilización y que decayó por ser racista, por no saber usar el capital humano germano que le brindó su época, por no reconocer las gestas de Estilición o de Aecio como las de Pompeyo o Julio César. La visión política de los gobernantes ha ido condicionando nuestra visión de lo histórico, no sin dejar de perfumar sutilmente el invento con cábalas, sensacionalismo e imaginación desmesurada. Quizás sea un sueño mío algo heroico, pero el caso es que el peligro del racismo acontece como un demoledor, y efectivo, derribador de imperios.

Nubiru: el origen del nombre

Dune, Caladan, Namek, Tarsonis, Char... son nombres de planetas imaginarios, existentes sólo en la Memoria de aquellos que los conocieron en sus fantásticas fuentes. Sin embargo, no debe menospreciarse el potencial seductor del pensar en mundos imaginarios, mundos perfectos, espejos de nuestra imaginación y de nuestros sueños. Nubiru cumplió con creces con tales requisitos seduciendo a mis enamoradizas neuronas. Me cogí a él como al más preciado de los tesoros. Indague en sus caracteres, en sus contornos de Realidad y su mar de Fantasía. Nubiru me acerca al fin último que siempre he querido alcanzar en mis adentros. Esa unión sapiencial que me conecte, en un punto, con buena parte de mis aficiones. Como escribí en mi primer artículo, dicho planeta me conecta la ciencia ficción y la astronomía, con Mesopotamia y los sumerios, las ciencias sociales con las naturales, la Ciencia Pura y la Historia.

Recuerdo verme contemplando uno de esos sensacionalistas documentales americanos del *Discovery Channel*. El hecho de que tratara acerca de los sumerios hizo que parara en mi duro deporte de zappinear con el mando. Imágenes increíbles y videos sobre el vergel mesopotámico. ¿Qué era aquello de relacionar planetas y mesopotámicos? Ante mi asombro descubrí tesis de reconocidos físicos y astrónomos que enunciaban la tesis de que por causas físicas, relacionadas con la gravedad y el movimiento orbital, Plutón no disponía del peso necesario para realizar su irremediable trayecto alrededor del Sol. Según afirmaban estos científicos, debía haber una masa complementaria, a parte de su satélite Caronte, para poder perfeccionar tal inevitable misión. Estos científicos fueron quienes me presentaron la idea de la posible existencia de un nuevo planeta.

Aquello que me acabo de seducir, fue la circunstancia de que mostraran cómo los sumerios y babilonios, con su perfeccionada ciencia, lo pudieron haber previsto a juzgar por datos enigmáticos como la existencia de la imagen gravada que enseño en este artículo. Del contar los planetas que aparecen en tal imagen, se constata cómo sobra uno, a juzgar por nuestras creencias, o dos, si tenemos en cuenta que hoy en día parece ser que Plutón ha descendido de categoría, no considerándose ya un planeta. Posiblemente ello sea una mera casualidad, pero no deja de ser fascinante toda la mitología construida en Mesopotamia alrededor de tal contingencia.

De forma similar al posterior cesaropapismo justinianeo, en las antiguas ciudad-estado mesopotámicas poder religioso y civil se concentraban en una serie de reyes cuasi divinizados. Detentaban el poder coactivo desde sus imponentes templos escalonados o zikkurats, ayudando a la creación de los primeros estados, la primera burocracia y al nacimiento de la escritura en tanto que herramienta de control de poder. En términos jurídicos, la legitimidad directa de los gobernantes no medraba de elección alguna sino de la metafísica voluntad divina. No del Dios único de las religiones monoteístas, sino del gran panteón politeísta existente en la religión de tal región del Globo. Concretamente, el en o lugal (pues ese es el nombre por el que se conocen tales gobernantes) recibía su legitimidad del poder concedido por la raza superior o nefilim. Mitológicamente, tales seres eran los habitantes de Nubiru, el mundo exterior helado del cual decían proceder tales gigantes.

Como es de figurar en los tiempos que corren, tan fascinante asunto fue fácil presa para esa plaga esotérica que parece dominar la divulgación, tanto histórica como científica. Mi óptica pretende pertenecer más al mundo de la religión, ciertamente esotérico en sí mismo en no pocos aspectos, la arqueología y, sobretodo, la mitología. Es evidente, a día de hoy, que no hay evidencias de vida en otros planetas. No obstante, parece ser que Nubiru, o mejor dicho, el compañero planetario de Plutón parece existir. Su nombre genérico continúa siendo X, a expensas de que se confirme su existencia.

Pese a no querer caer en las indeseadas gargantas del esoterismo, quisiera proponer la reflexión de cómo en no pocas ocasiones caemos en el etnocentrismo de creer que todo lo antiguo, todo lo perteneciente a civilizaciones pasadas, es, cuanto menos, anticuado e inferior a los conocimientos de la técnica y la ciencia modernas; los antiguos tuvieron sus propias bases de Conocimiento, que no siempre nos han llegado en su integridad. Tampoco debemos creer que los antiguos fueran algo parecido a magos poseedores de conocimientos arcanos que nos resulten actualmente vedados, simplemente debemos considerar cómo el Mundo, en su interminable caída en el Caos, muta; cambiando él y quienes lo habitan, evolucionando conforme a los dictámenes del transcurso del Tiempo.

Nómadas en el tiempo

Como alegre golondrina, el ser humano migra a través de los tiempos, cambiando devotamente tanto de tiempo como de espacio. Lo hacemos en tanto que especie nómada en los años, en tanto que seres viajeros en la eternidad dentro de una finita existencia. Dicen que el primero no surgió ni del Edén ni de su terrenal equivalente mesopotámico, vinieron de África, presuntamente, descendientes de Eva mitocondrial y de sus mesnadas. El movimiento es algo que forma parte de la función relacionadora con el entorno, aquello que junto con la nutritiva y la reproductiva conforman nuestras tres reglas vitales en tanto que ser vivo. El movimiento es la inexcusable vacuna contra la endogamia y el efectivo seguro que garantiza la recombinación e intercambio de material genético. La pureza de lo vivo no se manifiesta en razas sino en su mezcla, en evitar que se diferencie la especie, en enriquecer nuestro material de caracteres, y ante todo, de genes.

Los cambios incontrolables de nuestro Planeta siempre han incitado al hombre hacia el movimiento, ya acaeció con nuestros simiescos antepasados al tener que abandonar los árboles e internarse en la hostil sabana africana. Los ritmos de nuestro Planeta marcan nuestro baile, facilitando desde sequías a inundaciones, pasando por años de tristeza mojados por otros de abundancia. El Mundo es variable, cuanto que espejo donde se manifiesto lo cambiante en las aguas del vivo río, las estaciones, las migraciones o la crianza y nacimiento de nuevas generaciones.

La inmigración es la etiqueta que las ciencias sociales regalan al suceso. Ese término tan real como polémico que fundamenta posiciones próximas a lo xenófobo, o lo ruin y egoísta, manipulador, y ante todo, lastres cubiertos por el caparazón de proteger lo propio. El progreso del forastero es el peligro del nativo, la perfección de una indeseada competencia, la activación de posiciones opuestas al conservadurismo. El cambio se inmiscuye en todo dentro de un caótico mundo. El cambio es normal a la vez que método, es fuente de purificación y regla justa de puro mérito. Sin embargo, la inmigración como correlativo de la desigualdad no es un acontecimiento nuevo.

En tiempos romanos, la economía del Imperio dotaba de una acomodada vida a buena parte de la población del orbe latino, y acaso, incluso a muchos esclavos. Se trataba de una economía consumista en potencia, donde los productos de todo tipo eran producidos mediante técnicas que perdurarían hasta la Revolución Industrial. Obviamente, el progreso produce la envidia del débil, del anticuado, del pobre, del necesitado. La envidia no deja de ser un sentimiento biológico, el ansia de prosperar, de hacer perdurar tus genes mediante el ancla en el bienestar y la vida acomodada.

Crisis variadas, como las correrías de los tenebrosos hunos o la falta de pastos para el ganado, haría que contingentes enormes de población irrumpieran por las fronteras romanas. La causa era semejante a la de la inmigración actual, en un lado la olla siempre se llenaba mientras que al otro lado no era raro que muchas veces estuviera vacía. El invento imperial era objeto de poco engaño, el romano vivía bien dentro de un mundo donde el mortal común acostumbraba a estar maltratado.

Es la eterna paradoja del nómada contra el civilizado, ya se perfeccionó con los gutis y acadios, medos y asirios, germánicos y romanos. La desigualdad encuentra su solución en la comprensión y el intercambio. La riqueza se manifiesta en lo material y en lo genético. La Madre Naturaleza impide, así, el aislamiento de razas y de personas. Cada día somos más concientes de la existencia de una especie globalizada, que supera, en consideración las diferencias que generan la explotación y los cayucos. Somos una, biológica y beneficiada. Poderosa especie dentro del espectro de la diosa Vida, guardiana del Futuro de otras y del propio nuestro. Todos somos viajeros en el tiempo, y también en el espacio. De hecho, sabemos ver cómo pasamos de jóvenes a viejos, pero pocas veces recapacitamos en nuestro más remotos orígenes, y en cómo todos en esencia hemos sido hoy o antaño viajeros.

El mal de Justiniano

El nombre de Justiniano nos evoca a épocas pretéritas, el Imperio Romano de Oriente o Bizantino en su máxima extensión, Roma restituida al Imperio; sin embargo, durante el reinado de Justiniano, y de su no menos influyente esposa, Teodora, se manifestaron problemas, acontecimientos que con gran expresividad y jocosidad acontecen como espejo innegable de los males que en no pocas ocasiones sacuden a la sociedad actual.

Autores de la talla de Gellner no permiten hablar de nacionalismo en propiedad hasta el advenimiento de los conocidos como Estados-Nación modernos. Cierto es, *stricto sensu*, no obstante, también es cierto que existen sentimientos, sensaciones, atracciones y obsesiones que son inseparables de la psique humana.

Durante el reinado de Justiniano, Constantinopla se configuró como la más esplendorosa de cuantas ciudades hayan surgido en la faz terrenal. En tanto que centro burocrático superlativo, capital económico-cultural, ninguna ciudad bizantina podía optar a sus prerrogativas. Obviamente, la competitividad Barcelona-Madrid, Milán-Roma, Estambul-Ankara, por poner algunos ejemplos, ya existía entonces, esencialmente en el plano religioso.

Parte substancial del espiral separatista que desembocaría en el nacimiento de una diversidad de Iglesias Cristianas (católica, ortodoxa, armenia ...) se engendraría en tales momentos, cuando las principales ciudades del orbe romano se disputaban el cetro "papal" con síntomas de exaltado cainismo. Cartago, Roma, Antioquia, Alejandría y Constantinopla rivalizaban en esplendor y también en cuanto a la dirección del pueblo cristiano. La proximidad imperial y la manifestación del conocido como cesaropapismo (liderazgo imperial sobre el ámbito religioso) dieron una falsa supremacía, en un primer instante, al patriarca de Constantinopla. Pese a ello, rápidamente el patriarca romano se consideró como superior al resto, configurándose como un ente de extraordinario poder debido al vacío existente en la cenicienta ciudad de Roma y en todo el antiguo Imperio Romano de Occidente.

Sin embargo, nuestro ámbito de interés será Oriente, donde las agraviadas Antioquia y Alejandría se abrazaron a la presunta herejía monofisita que defendía la divinidad de Cristo negando la naturaleza dual (divina y terrena) de Cristo defendida por la ortodoxia. Obviamente, el pueblo no era más culto que en nuestros días ni tampoco docto en teología. Sin embargo, sí que existía cierta conciencia del agravio comparativo frente a la colosal, en todos los aspectos, Constantinopla. No es de extrañar, que la conquista islámica de tales regiones fuera más bien fácil.

Justiniano se equivocó. Primó la reconquista de Occidente, seducido por la magia de la eterna urbe romana (solo la conquista de Cartago reportó cierta prosperidad posterior) frente a la cuestión monofisita, siendo necesario constatar que la emperatriz Teodora practicaría tal "herejía" irguiéndose, en no pocas ocasiones, como protectora de los herejes. Su general Belisario extendió las fronteras, pero se debilitaron las existentes.

El malestar del Oriente bizantino no deja de ser una manifestación de cómo el denominado "nacionalismo económico" siempre es más efectivo que el "nacionalismo ideológico". A las personas solo les preocupa de forma crítica, realmente, sus necesidades atávicas, las cuales se identifican con las funciones vitales de cualquier ser vivo, y que nos explican en Educación Primaria, nutrirse, relacionarse y reproducirse.

Recuerdo un afortunado artículo de Josep Ramoneda ("Barcelona y Madrid", en *El País* de 4 de marzo de 2007) recogiendo cómo la Terminal T-4 o la crisis de Renfe en Cataluña son caldos de cultivo de independistas más eficaces que los discursos de los políticos. De hecho, los políticos nacionalistas son expertos manipuladores de tales situaciones con el sino de obtener votos fáciles apelando a los sentimientos más íntimos del ser humano y haciéndole "fantasear" en un mundo mejor sin carencias. Ni los alejandrinos conocían qué era el cesaropapismo o el monofisismo ni la gran mayoría de los catalanes conocen las Bases de Manresa o el Memorial de Greuges.

En conclusión, la necesidad inherente a nuestra especie de necesitar pertenecer a algo superior que nos salve de lo incómodo de la soledad del individuo nos hace ser propensos a las creencias metafísicas, ya sea en forma de Religión o de nacionalismo, quizás lo más conveniente fuera apelar a la construcción de un sentimiento alternativo, de creencia en un mundo más conforme con los derechos humanos, y por qué no, en una ciudadanía universal que no distinguiera entre miembros de una misma especie, la humana, en una misma casa, nuestro Mundo.

Lo símbolico y el sexo

Hace poco que pasó la medianoche. La luna brilla solitaria en el horizonte denotando la castidad de algunos, anunciando la lujuria de otros, quizás sea porque la noche es mal compañera del pensamiento casto. Los humedales fabricados por la más déspota de las neuronas pueblan nuestro sensitivo ser haciéndonos conscientes de la tercera de las funciones vitales. El tabú es un tan tecnológico como arcaico freno. El sexo acontece deseo a la vez que lenguaje codificado. La libertad de nuestros tiempos es característica de una nueva Era, la manifestación de un necesario y chorreante ingenio que adolece más de viejo que de novedoso o de ser el premio a nuestro eventualmente peculiar y actualizado ingenio.

El clímax de feromonas me hace sentir la alegoría de lo vivo, el hecho de ser un organismo producto de lo irremediablemente reproductivo. Las barreras de lo desconocido poco a poco se abren ante la irrupción del imparable tren de lo consciente, de lo maduro. Lo húmedo parece estar presente en todo lo sexuado, aunque aquello que en realidad trascienda sea el biológico signo de toda necesaria multiplicación de la especie.

Abro las hojas del Bestiario. No pasa demasiado tiempo hasta que me percato de que la simbología animal tiende a significar lo cálido de nuestros preciados órganos, acaso púdicos, siendo al mismo tiempo todo mimetizado por lo correcto, por lo sagrado. El símbolo denota corrección aun nutriéndose del Deseo. El tamaño del falo es lo más significativo del conejo, representarlo con la Virgen se convierte en un artístico, y ciertamente sutil, entretenimiento. El juego de imágenes sirve de excusa para resaltar el sexo de la liebre y el del lagomorfo individuo. La castidad vence siempre a la lujuria, la Virgen somete a la liebre, no fuera ser que el populacho se tomara en serio la religiosa pauta, ¡y se multiplicara como los panes y los peces!

¡Qué decir de las hienas! Lo horrendo de su existencia halla correlato en el paranoico, e irremediablemente sexual muchas veces, pensamiento humano. Es el símbolo de la ambigüedad, de la bisexualidad, se creía que la hiena era hermafrodita. La hinchazón del clítoris de la hembra se asemeja a un atrofiado pene, seguramente sientan placer con él, la hiena es animal, no conoce tabúes. Símbolo de la promiscuidad, la hiena es sólo un ejemplo de cómo el simbolismo animal es un sucedáneo, más artístico que películas y revistas seguramente, de la pornografía moderna.

El cuadro más conocido de El Bosco con toda probabilidad sea El Jardín de las Delicias. Si uno escruta en femenino las formas del cuadro, divisará varias conchas situadas entre el artístico, y genial, panorama del cuadro. La delicia recibe molusco disfraz, la metáfora visual es sencilla: el nacimiento de Venus y el sexo representado prohibido, sustituido por el simbolismo.

La escritura me sirve de placebo para el sentimiento de sexual culpa. Nuestra generación no es un nido de obsesos, sino un grupo de gentes que disfrutan de una de las libertades más significativas de nuestro tiempo. No obstante, la pornografía basta y a desgana abunda en una orgía de imágenes sexuadas que acaban con la gracia de la picardía pictórica. Los Boscos son substituidos por dotados animales con cuerpo humano, la Virgen por pamelas y el conejo por detritos sociales.

Lo erótico del arte cede ante el exhibicionismo barato, la cultura que brinda el pasar de los tiempos da madurez y acaso mejor gusto. Lo recreado en el sexo se traslada a lo verídicamente logrado. La atracción por lo picante no hace caer en el derrame de la salsa, ya se entiende, el gusto de buen gastrónomo se adquiere con los años, y el genio del buen pintor con la simbología de la dosis y lo correcto. El desvío más que estereotipado es exagerado, lo necesario acontece público, lo real cotidiano. Uno comprende la incapacidad de pasar el día nutriéndose pero cuesta de comprender el freno de lo reproductivo.

Formo parte de la generación del presuntuoso placer, del tan sensorial como hipotético banquete de todos los sentidos. Somos los chavales del sexo, de la libertad de manifestación, los pilotos exitosos comparativamente de nuestro tiempo, aquellos que aún siguen, no sin demasiado éxito, buscando a la vorágine el freno.

RENEGANDO ANTE EL ESPEJO

Sin ser experto, ni acaso aficionado, a temas psicoanalíticos o psiquiátricos, he de reconocer que aquello que me produce más repulso, miedo e incluso alguna que otra fobia es todo lo que, sin ser parte de nosotros, se nos asemeja, se nos parece, aquello, que por culpa de la Madre Naturaleza, es imposible que nos deje indiferentes y que, por culpa de algún que otro acontecimiento, vemos como peligroso, extranjero, negativo. Un ejercicio comparativo de nosotros frente al resto es mirarnos al espejo. Mirarnos tanto en un sentido físico como metafórico. El paso de conocer nuestros caracteres, nuestra configuración y especifidades, es un pequeño, aunque inexcusable, adelanto hacia la meta que en este articulillo pretendemos tratar.

Es tan ordinaria, como desilusionante, la constancia, parece ser que cada día más exponencial, en que se dan muestras de rechazo, y de xenofobia, hacía nuestros vecinos del Sur. Moros, más allá de un término devoto de narraciones medievales y estudios acerca del pasado peninsular, acontece como un vocablo pervertido, instrumentalizado para banales objetivos: denigrar, insultar, pero ante todo, renegar.

Después de haber visto a un individuo procedente de Suecia, otro de los Estados Unidos y a otros de Turkemistán y de Marruecos, al mirarme al espejo constato como es respecto al primero con el que, al menos físicamente, más diferencias tengo. Ciertamente. Quizás un logrado condicionamiento recibido por una excelente educación o la labor de una neurona amante de lo oriental e interesada en todo el pasado bizantino e islámico, me nublan cualquier capacidad de razonamiento. Quizás. Pero parece bastante claro que algo tenemos que ver, algo nos parecemos más, con los vecinos de abajo que con los habitantes de nuestras antípodas. No es política ni pensamiento, ni mucho menos historia o hipótesis científicas, simplemente se trata de algo tan simple como complicado como es la Realidad.

Recuerdo una excelente comida acaecida en mi último viaje a Estambul. Por un precio ciertamente económico, pude disfrutar de una menestra turca así como de una brocheta de pollo y chuletitas de cordero, todo ello acompañado por un delicioso pilav, o lo que es lo mismo, arroz hervido con cebolla. Ciertamente, el menú se asemeja más al de mi madre que al de la patria sueca, faltando no sólo las salchichas sino también la mostaza, el pudding, la soda y acaso las hamburguesas. Delicioso en tanto que familiar, la cocina mediterránea felicita de gracia a mis papilas gustativas en tanto que incentivo para hacer reflexionar a mis curiosas neuronas. La comida se nos parece, bien, ya no sólo es el moreno. De golpe, la pisada de lo político irrumpe en mi pensamiento. ¿Debe entrar Turquía, y acaso Túnez y Marruecos? Desde mi condición de hispano la respuesta no se me acontece como incondicionada. La inutilidad del nacionalismo y de su historia compartida nos hace caer en un insalvable enigma histórico. ¿En qué nos basamos para calificar a Turquía?

Si pensamos en Bizancio, parece obvio que nos unen lazos de civilización profundos, si pensamos en los otomanos las dudas acontecen en forma de minaretes. Si alegamos razones étnicas se nos aparecen escitas, mongoles y cumanos, sin olvidar que si hablamos de religión los relacionaremos con egipcios e indonesios o si hablamos de economía y de política, con los Estados Unidos. ¡Qué óptica escogemos amigos! Pero sobretodo, qué óptica que no nos comprometa en nuestra idea de pertenecientes a la calificación de europeos.

Si escogemos razones históricas, ¿en quién nos fijaremos? En los orígenes vascos que parecen ser beréberes, en Al-Andalus, en los visigodos, en los romanos o quizás en los invasores ingleses de Gibraltar o en los inmigrantes latinoamericanos. ¡Qué anacrónico esto de los orígenes e historia comunes cuando no sabemos ver donde están!

La opípara comida practicada en Estambul no es que se me acontezca como un nuevo criterio pero quizás sí como una afirmación. Debemos vigilar con el espejo. Reconsiderar nuestras opiniones respecto a otros sino sabemos bien bien cómo observarnos y analizar nuestro cuerpo, nuestro pellejo y esencia, nuestra realidad y la del Mundo. El vecino de abajo, valga la redundancia es vecino. Ello en historia no es baladí sino muestra de algún que otro parecido. Será mejor que no invoquemos a almohades, omeyas, cartagineses-fenicios..., pues todos vienen de ese gran charco llamado Mediterráneo, y curiosamente del sur y el este, quizás hay allá algo de solución, o simplemente algo en lo que hoy he pensado.

Un mundo... ¿feliz?

No son pocos los viernes en los que paso el tiempo paseando por Porta Ferrisa, Petritxol, Pi, Cardenal Casañas y otras ilustres calles barcelonesas. Son, o al menos fueron, calles con cierta sustancia, cierto saborcillo a rancio que engusta la mejor de las comidas. Ello se suma a todo un enjambre de esencias que te remiten al mayor bazar de las especias. No obstante, como, lamentablemente, toda gran comida, el banquete tiene su fin; y la Ola de los Tiempos irrumpe por estas calles, día a día, paulatinamente, con todo aquello de lo que Huxley nos advirtió. Sin embargo, con la diferencia de que el resultado, personalmente, no me hace pensar en un Mundo Feliz.

La estructura del mundo futuro de Huxley se basa, en palabras del autor en que "... *la población óptima está sobre un modelo de Iceberg: ocho de nueve partes debajo de la línea de flotación, y una de nueve partes por encima.*" ¡Genial, una sociedad discriminatoria que recuerda a paisajes algo más cercanos! Pero las ideas de Huxley llegarán a un clímax al explicar cómo se sostendría un edificio tan perfecto y "feliz", sin violencia y con la aquiescencia de sus eventuales víctimas: *"Ellos no lo encuentran como tal, ellos. Al contrario, les gusta. Es ligero, y es de una simplicidad infantil. Sin esfuerzo excesivo ni de espíritu ni muscular. Siete horas y media de un trabajo ligero, nada cansador, y enseguida la ración de soma, deportes, copulación sin restricción, y el Cine Sentido. ¿Qué más podrían ellos pedir?"*

Desde luego, tal libro, parafraseando a Herbert Hart, me produce más una Pesadilla que un Noble ("feliz") Sueño.

No hay mayor miedo que el de a la propia Realidad. Aquí está el origen de mi consciente pesadilla, cómo el bueno de Huxley plasmó un modelo futuro que, *mutas mutandi*, ha acaecido en la Realidad. Pese a la validez de la estructura, cambia enormemente el contenido. No hay duda de que mi paseo por las calles de Barcelona, curiosamente, me desplaza más que al sufrimiento, al hedonismo. La copulación no es infinita, aunque a todos nos pudiera seducir tal axioma, pero si parece serlo la pornografía, siendo un negocio más rentable, y más asequible, que la compra de un buen libro.

Un libro, que no se trate de una paupérrima edición de bolsillo, o de un, maldito, best-seller, rozará, tranquilamente, los veinte euros; precio por el que el común de los mortales bien pudiera adquirir dos ejemplares de esos vehículos voladores a nuestras más orgásmicas fantasías sexuales. No hacemos más que seguir los postulados de Freud, nos interesan más los cueros que los elementos sapienciales. Quizás alguien tenga miedo, o falta de conciencia, y les interese que los buenos libros sigan siendo algo inaccesibles o mimetizados por los engendros del fomento *best-selliaron* de la lectura.

Nuestro Mar de Opulencia cumple, pudiera parecer que siguiendo la imaginación de Huxley, todos los requisitos de la sociedad imaginada en su obra maestra. La soma es desplazada por el tabaco, el alcohol (o botellón) y otras tantas drogas, la copulación en cadena por la pornografía o demás sucedáneos, el cine-sentido, por películas finalísticamente reales pero empíricamente irracionales.

Sin embargo, mi paseo por el noble barrio barcelonés, en numerosas ocasiones, me repara un preciado libro, unos nuevos zapatos o un celestial disco. Curioso. La crítica no inmuniza de la caída en el negro fondo de la opulencia y la seducción de los sentidos. Te das cuenta de que uno es afortunado por poder participar plenamente de ella, y de que ese es el sueño de quienes no pueden. No vivir para trabajar, ni trabajar para vivir, simplemente, trabajar-vivir para luego, participando de la orgía, poder fardar de estar disfrutando del modelo.

Obviamente, el poder escribir esto, vivir con completa tranquilidad y bienestar familiar, no carentes de elevados niveles de confort y felicidad, te inhibe de poder detentar comprometidas críticas. Es como criticar al sistema detentándolo, o ir en contra de él, siendo tranquilo y feliz producto del mismo. El hombre es contradictorio, y yo soy hombre, luego no puedo defender en propiedad tales tesis, porque vivo bien y placenteramente, y quizás a mi bienestar no le interese la perfección del sapiencial espíritu de la globalidad Quiero vivir bien y lamentablemente en nuestra fiesta no hay pastel para todo el mundo. Que cruel es la realidad, y tener que discriminar para poder sostener TU felicidad y TU mundo.

DI QUE FUE UN SUEÑO

Hubo un tiempo en el que todo fue un sueño. La etérea sustancia terrena se hallaba en suspensión dentro del más radical de los vacíos. La inactividad lo dominaba todo, imperaba la Nada, el Mundo dormía. Los espíritus de la Naturaleza (*Wondjina*) irrumpirían en el durmiente terreno, dotándolo de forma, dotándolo de vida. Una vez acabada su misión, se insertaron en la esencia de todos los elementos de ese gran sistema que conocemos por Naturaleza. No obstante, la tierra continuaba siendo yerma, hasta que la poderosa serpiente arco iris despertó de su sueño y extendió un manto de fertilidad llenando las bocas del sediento y dando leche a todo aquél que tuviera hambre. Este es el mito de los aborígenes australianos acerca de la Creación. El concepto de sueño irradia la fuerza creativa del mito. Impulsa la perfección de los acontecimientos e imperan los flujos de la Creación. El hombre le debe su existencia al sueño.

Quizás los aborígenes australianos no estuvieran tan equivocados. El sueño es esa fuerza todopoderosa que impulsa nuestro afán de mejora. La fuerza de la superación se alimenta de ella, medra sobre sus contornos y se materializa en base a ella. Parece ser que para el hombre la conformidad con lo que se tiene es un imposible. Una opción que nos conduce al peligro del inmovilismo y de la imposibilidad de intentar permanecer inmutables en un Mundo necesariamente cambiante.

Yo participo, como cualquier mortal, de la atávica e inexcusable necesidad de tener sueños y vivir, en parte, en el mundo de la fantasía, la ilusión y el desafío. Sin embargo, como en tantas otras cosas, el hombre, desde mi punto de vista, tiende a desnaturalizar los patrones heredados del pasado, seguro que irremediablemente, pero ello no niega que eso suceda. Aquello que son desafíos y sueños lo transformamos en incongruencias. Buscamos donde no hay e ignoramos lo que rebosa de contenido.

Los dinosaurios viven, en buena parte, en esa nebulosa de imaginación y de sueño. No sabemos a donde agarrarnos ni en qué basarnos, el tiempo pasa y sólo deja, acaso, meros vestigios en forma de huesos y de cráneos desfigurados. Soñamos con colosales saurópodos y terribles tiranosaurios, fieros velociraptores y nobles triceratops. No sé. Necesitamos soñar en algo. Creamos obras literarias, películas donde los contornos de nuestras fantasías se materializan en forma de clásicos y best-sellers de ciencia ficción. No buscamos en lo real, en lo que tiene forma terrena desafiando la metafísica.

Algo así sucede con el misterio de la vida en otros planetas. Nuestras mentes sueñan en un nuevo planeta, en otra Tierra, en una nueva casa que sustente nuestra necesidad de seguir ensuciando y desordenando aquella en la que siempre hemos medrado. Nuestro subconsciente niega admitir que ello, a día hoy, es una mera cábala, un pilar de apoyo, una excusa para seguir contaminando y alimentando a nuestro voraz sistema, nuestra dictatorial economía de consumo, y de presunto progreso.

La Antártida, los fondos marinos, son mundos terrenos no lo suficientemente explorados. Cada años surge millares de nuevas especies que acaso no hubiéramos podido haber soñado. Tiburones con formas extraterrestres y pulpos disfrazados de marcianos. Acabamos con sistemas antes de conocerlos, antes de que nos hayamos presentado.

¡Si es que somos así!, buscaremos nuevos planetas para poder dejar a la Realidad a un lado. Lucharemos en etéreas controversias, siguiendo contaminando. Nos cargaremos nuestro planeta, habiendo soñado en Saturno, Neptuno y todos los astros del cielo estrellado.

Los aborígenes se equivocaron, el mundo del sueño aún no se ha acabado. No creo en la serpiente arco-iris ni en los demonios espiritualizados. Sólo hace falta vernos en el espejo para ver al origen del mal y del daño, del sobreconsumo, la explotación, el abuso y, ante todo, del más inmisericorde de los engaños.

Cuándo Europa comenzaba más allá de Gibraltar y de los Pirineos

Hubo un tiempo en que el norte de África fue la provincia romana de *Mauritania*. Granero de la "ciudad eterna" y del resto del orbe romano, era la posesión más valiosa para el Imperio. Allí se alzaban *Tingis, Leptis Magna* o la antaño archienemiga, *Cartago*. Los trigos encañaban milagrosamente, metamorfoseándose en doradas mieses, oro vegetal, sustento de emperadores. Poca duda cabe de que el Cambio Climático ha privado al Magreb, en buena parte, de sus fecundas tierras; dignas del más paradisíaco jardín de las Hespérides. Septimio Severo se alzó con la púrpura desde tales tierras, el adjetivo africano en aquellos tiempos denotaba un mayor grado de riqueza, de prestigio, de dignidad y reconocimiento. San Agustín de Hipona escribió su *Ciudad de Dios* desde la *Mauritania* atónito ante las irrupciones bárbaras y la toma por el godo Alarico de Roma. Nadie, en su sano juicio, sería capaz de negar a uno de los Padres de la Iglesia Latina su condición de miembro de la cultura occidental, y de forma sobrevenida, de la europea. Ello nos remite a una idea clave, Europa no es un continente, es una idea abstracta con todo lo que ello conlleva. Poco sentido tiene hablar de Europa sin referirse a la noción de civilización europea.

La civilización europea, *in natura*, conlleva un importante arrastre histórico compuesto por la multiplicidad de culturas que en ella han aparecido a lo largo de los siglos. Así pues, dicho concepto, como el de historia propiamente, no queda estancado en el tiempo, sino que se dilata y contrae con el paso de los siglos variándose, inmisericordemente, sus fronteras. El célebre historiador Henri Pirenne defendía que el concepto de Europa en la Antigüedad, no varió con la caída del Imperio Romano de Occidente en el año 476 d.C. sino que varió irreversiblemente, hasta la actualidad, con la irrupción del Islam. Definitivamente, la región norteafricana del Magreb fue antaño tan europea como en la actualidad pudiera serlo Dinamarca o Luxemburgo. El latinismo *"historia non facit saltus"* acontece sumamente ilustrativo para nuestra exposición. La ruptura mediterránea, defendiendo las ideas del Profesor Pirenne, no cabe duda de que se inició con la caída del Magreb bajo el velo islámico. Claro está. Sin embargo, como toda gran anomalía, el fenómeno de ruptura halla su significado en causas pretéritas inexcusables.

El problema de la integración no es un fenómeno exclusivo de nuestros días. Las diferencias existentes entre las dos orillas del Mediterráneo se perfeccionaron, más aún si cabe, con el fenómeno invasor bárbaro. Mientras que el grueso del Imperio Occidental de la orilla del Norte cayó bajo dominio godo, el sur fue presa de los temidos vándalos de Genserico. Obviamente, ni unos ni otros fueron numerosos en número sino que se trataba de flujos migratorios, de escasa cuantía, dirigidos por una elite dirigente ávida de poder y una vida mejor para sus súbditos, como promesa de un reinado más próspero y placentero, detentador de un mayor poder. La disparidad de soberanías ahondó en el pozo diferencial, consolidándose, substancialmente, con la posterior reconquista bizantina del área cartaginense.

Europa y el Magreb siguieron caminos opuestos. Numidas y beréberes (si es que no eran étnicamente los mismos) se acabaron de aposentar en la comodidad de las ribereñas tierras mediterráneas, en buena parte, con el transcurso de los años. No cambiaría en exceso el panorama urbano con el advenimiento del Islam más que por el hecho de que la religión islámica supo llegar mejor a los pueblos nómadas. Parece obvio que la doctrina del nómada Mahoma supo calar mejor en los corazones de los beduinos magrebíes. Parece ser que, aunque nos cueste de creer desde Europa, el Islam tuvo una política de integración más efectiva que la que pudieron tener los pueblos de Occidente.

La posterior colonización, esencialmente francesa, no occidentalizó desde el primer momento. El interés, y desde luego que no descubriré un nuevo continente, pero es evidente que la finalidad europea fue más económica que civilizadora. La envidia de un Mundo con tentáculos fijados como pilares sobre las fuentes de riqueza del orbe, hizo caer al Islam en un proceso de radicalización que llega hasta nuestros días. La colonización, también la otomana, acentúo los rasgos de un fenómeno ya iniciado con las Cruzadas.

La Comunidad Europea cumple 50 años mirando hacia un cada vez más nebuloso horizonte. Frente a la versión que defiende el colapso por culpa de una política integradora generosa en cuanto a su extensión; otros, a los que yo defiendo, se oponen opinando que la extensión aún debe ser mayor. No sólo porque desde España no seamos los más apropiados para negarnos a dar a aquellos países menos desarrollados las oportunidades que a nosotros se nos brindaron, sino porque tanto económica, política y ahora energéticamente, no somos independientes.

Rusia aparece como un firme candidato, en el horizonte, a unirse con la Unión Europea. Sin embargo, los temores fundados, que ya viera Coudenhove-Kalergi, no dejan de advertirnos el peligro de un eje ruso-alemán, de una invasión, ahora ya en términos económicos, rusa; de una "fagotización" de Europa por el Gigante de los Urales.

A mi ver, el Magreb, junto con la polemizada inclusión de Turquía, acontecen como soluciones más interesantes para España. No sólo por sus consecuencias estratégicas para nosotros; sino por las que tendría para todo Occidente. El "ángel caído" de la civilización occidental debe de poder ser admitido en la casa de los europeos. No porqué las Canarias sean, efectivamente, Europa, como defiende el monarca marroquí, sino porqué es de nuestra conveniencia. Claro que debieran someterse tales países a un proceso de "occidentalización" en el sentido de una mayor libertad de expresión y ahondamiento en los valores democráticos. En definitiva, las connotaciones a romano que me desprende el sueño europeo me hacen creer en tal final, la esperanza no se pierde nunca. Quizás debamos de reflexionar, o recordar a algunos, cómo se ha convertido en flagrante mentira aquello de que Europa empieza en los Pirineos.

Crónica de un fuerte recuerdo

La ausencia da pie a la reflexión, al recuerdo, a la melancolía, y cómo no, al lamento. Lo desconocido, una vez más, se ve fagotizado por lo soñado. El rumor en el pensamiento se camufla, de verdad atávica, dando ideas próximas a lo verdadero. No tanto a la Realidad física, pero sí a la medra por nuestro intelecto. El apego, el amor, el conocimiento, nos produce nexos marionetados con parajes, cosas, y ante todo, personas de pretérita existencia en un mundo verdadero. Son pequeñas huellas que deja nuestro vital rastro, recuerdos de un Mundo inexcusablemente pasajero, que viaja al compás del destino, medido por el severo centinela, que es el padre Tiempo.

Obviamente, pese a la falta de neutralidad de nuestra psique, de nuestras sensaciones, de nuestros sentimientos; las ideas que nos hacemos respecto al recuerdo no dejan de ser influenciadas por los méritos dejados en el mortal terreno. Antes que santo en el fuego del recuerdo se debe ser beatificado en la capilla efímera de lo mundano. Beatificación por oposición, o si se quiere decir de otra forma, por méritos propios no fundamentados en lo ajeno.

De la misma forma que la experiencia vital del necesitado animal es mayormente interesante que la del encaprichado ser domesticado, la persona necesitada, la víctima de prematuras desgracias, la eternamente apenada por el Pasado y escéptica ante lo justo, (pero no siempre, ante lo sagrado), es objeto de los mayores elogios, gestas, recuerdos. A todo ello deba sumarse la idea de que el fémino movimiento no irrumpe por mis venas, sólo hago caso de la razón, y a veces, del sentimiento.

Detrás de bien ganadas gestas, siempre se dibujan frescos artísticamente cromados. Como núcleo de la decadente familia la fiel labor de matrona se alza como pilar de todo lo necesitado. De aquello generado carnalmente para sobrevivir en el hostil mundo mortal, reflejo de los conceptos recreados, observados, y acaso parodias reales de aquello, que no en pocas ocasiones, es soñado.

La gran fundadora familiar de una cómoda existencia, de un fruto maduro de vital esfuerzo, acontece como diosa del hogar sagrado. Lares y manes ceden su puesto en el culto familiar, se transmuta la contingencia en norma fundamental de la pequeña *gens* familiar, de lo cotidiano, de lo querido. El trabajo infame es recordado como gesta, no por el cambio de consideración del mismo, sino por aquello que por él se ha logrado. El hambre de éxito, que conduce al de trabajo, se vanagloria de ser algo excelso, eterno, útil para el mercado del destino y del recuerdo del Pasado. La muerte no deja ser un portal al cielo de los recuerdos, encubridor de las estrellas, que por recordar lo bello, son chivatas de tamañas gestas.

Antes de iniciar este taciturno escrito, por mi mente había rodado la incapacidad de describir la gran gesta fundacional que explica buena parte de mi Presente, Futuro y Pasado. El esfuerzo de una mujer ante la adversidad, de una matrona, acaso algo romana, que supo cumplir con el ejemplo y labrar surcos en los senderos del mérito, del cultivo vital y del sacrificio. Rodillas poderosas dadoras de mágicas consecuencias, quien iba a decir que de oficios, tan laboriosos cómo poco remunerados, surgiría una feliz familia.

Unida, vencedora y rara vez controvertida, el monumento tildado de hogar se configura alrededor de la seguridad de la gesta, de su apoyo, sus cimientos, de esa fuerza que impregna los recuerdos, la reflexión, el cariño, las palpitaciones de mi corazón.

La congratulación de poder bañarse en no menos meritorias aguas, nacidas en una misma fuente, me hace poder disfrutar de otras ramas hermanas de aquel tronco que daría la diosa no llamada Sofía, aunque fuera su traducción en griego, el gen que configurara los fuertes pilares del familiar invento. Manantial inagotable, que no por tener ansias de dejar en el Mundo vanidoso recuerdo, fue a dejar sagrado *pater* e inmejorable ayo entiado, en el más real de los terrenos.

Quiero el recuerdo, ese lucero en las tinieblas del Futuro y la averiguación del Pasado. Esa eterna autoinvocación que huele a gracia, dación de vida, enseñanzas, impulso, de fuerza creada en el lamento. El fin de un camino, ya sea largo o prematuro, es algo incontrolable. A veces viene antes o después, pero siempre es mal recibido. Es el miedo a ser olvidado, a no poder ser recordado, a no haber realizado gestas que te hagan permanecer en las etéreas nieblas del cariño y del fundamento del Futuro, por más que venga del Pasado.

A mi fundacional gran matrona y embajadora en el Cielo.

El Logos: Religión vs Ciencia

Recuerdo cómo en una de esas sesiones de rastreo bibliófilo por los montes enlibrados del acogedor despacho de mi tío, topé con un libro con un título ciertamente seductor. Se trataba de "La Ciudad Cautiva" del profesor José Olives Puig. No sé si el hecho de estar cursando Derecho Urbanístico o por mi atávico amor a las antiguas civilizaciones mi instinto posesivo me hizo cometer el rapto de llevarme tan preciada joya a mi casa.

Esta mañana me desperté especialmente lúcido. Seguramente fuera por haber pasado el grueso del proceso de exámenes, no lo sé. El caso es que decidí iniciar la lectura de tan preciado libro y, bajo mi asombro, el autor inició su narración acerca de los inicios de la ciudad antigua estudiando el origen de la Religión.

"*Nos engañamos gravemente sobre la naturaleza humana si suponemos que una religión se puede establecer por convención y sostenerse por engaño. No es la sociedad la que crea la religión: es la religión la que crea la sociedad*". Tal es la conclusión a la que llega tan admirado autor. Ciertamente tiene, a mi juicio, substanciales atisbos de razón pero no la verdad absoluta, si es que ésta existe. Si algo recuerdo bien de mis lecciones de filosofía en Bachillerato es cómo el hombre requiere establecerse in natura un mapa acerca del Mundo en el que vive. Un *logos*, un mapa cartográfico acerca de nuestra concepción de la realidad.

No es que sea algo específicamente humano el hecho de necesitar unas pautas que justifiquen nuestro paso por el Mundo. No lo sé, ni creo que nadie haya conseguido insertarse en la psique de un animal ordinario, pero creo que en el resto de la fauna ello debe de aproximarse a aquello que conocemos como instinto. *"El ser humano, el más prematuro de toda la tierra, nace con una organización cerebral prácticamente inactiva, y debe vivir con otros seres humanos para que se active su genoma. El niño sin socialización no es más que la esperanza de un ser humano"*, es lo que afirmó el profesor Óscar Valtueña Borque en una conferencia acerca de los niños salvajes. Quizás ello sea el origen de nuestro éxito evolutivo, el que nuestros conocimientos puedan ser adquiridos con el tiempo y heredados del acervo cultural común a la Humanidad. Nacemos tontos de remate y morimos listos como nadie, esa sería una jocosa, y en exceso vulgar, conclusión de la existencia humana.

La Religión surgiría con ese preciso objetivo. Parece ser que existen manifestaciones religiosas desde los orígenes del homo *sapiens sapiens* y que no se caracteriza por ser algo característico específicamente de nuestra especie, si no que parece que lo compartieron otros homínidos como los neandertales. La Religión es un mapa, un orden del mundo, una hipótesis, un mandala como diría el profesor Olives Puig. El hecho de carecer de las herramientas técnicas complejas de la actualidad, hace que el hombre recurriera a construcciones, acerca de lo que creía que era el mundo, próximo a nuestra caracterización humana. Me explico. El hombre, no excluyéndose los cristianos, recurre a dotar de figura humana todo lo no conocido, antropocentrismo religioso pudiéramos decir. Zeus, Marduk, Ra, Quetzalcoalt… son divinidades con forma humana o de inspiración humana. Sin perjuicio de que otras divinidades como Horus o Anubis fueran vistas como seres animales. El hombre tiende a trasladar lo conocido a lo desconocido, ¡pues cómo iba a hacer lo mismo con aquello que no conoce!

Así pues, la Religión surge como flotador, mapa, armadura sapiencial, para nuestro paseo por el Mundo. Se me pasa por la cabeza esa tesis innegable de que todo enunciado científico, en tanto que mayoritariamente inductivo, es esencialmente controvertible, desde las leyes de Newton a la teoría de la Relatividad pasando por la selección natural de Darwin. Seguramente que de forma errónea, no alcanzo a ver si la religión primigenia no deja de ser el origen de la ciencia. Fueron los chamanes y sacerdotes quienes monopolizaron los conocimientos, ciencia y fórmulas magistrales de medicamentos. Se me ocurre que quizás ello fue la Ciencia, en tanto que conocimiento, del momento. Porqué no ver la religión como una parte de la Ciencia, que en esencia va quedando vacía de contenido por la Ciencia moderna, sencillamente porque ocupan un mismo sitio. Creo que no son incompatibles, en tanto que alternativa, sino que son la evolución de una misma masa, la necesidad humana de encontrar su sitio en la Creación y en el Mundo.

Acerca del pueblo elegido
y los lémures de cola anillada

Dicen los antiguos mexicas que antaño habitaron una legendaria tierra de la que se vieron con la necesidad de partir. Aztlán es su nombre nahualt, o lo que es equivalente en español, la isla de la blancura. No sería hasta que vieron a un águila atrapando a una serpiente sobre un nopal que se dieron cuenta de que habían llegado a la Tierra Prometida, la laguna donde alzarían la urbe de México Tenochtitlán. El camino hasta la tierra soñada, la entropía del avanzar hacia el inexcusable final de los tiempos, fundamentan la cosmogonía azteca. El final es ineludible, como ya lo fuera antaño. A eso se refiere su mitología al hablar de los Cinco Soles; cinco eras que desembocarían en los hombres actuales.

La estructura congénita a la leyenda no deja de recordarnos a los mitos fundacionales semitas. A Moisés y Abraham, el Éxodo y la Tierra Prometida. Las grandes civilizaciones siempre se han visto necesitadas de formar parte de una cosmogonía que explicara su esencia y, aparejadamente, terrena existencia. Ya fuera el Diluvio Universal sumerio, el Huevo primordial egipcio o los Ciclos aztecas, el mito, más allá de brindar legendarias soluciones a discusiones sin aparente resolución objetiva, acontece como una afiliación al club, un vale de pertenencia, una ficha para entrar a formar parte de la estirpe grupal.

Pienso en cómo se nos facilita la relación con el forastero de existir una afición común: sea religiosa o de seguimiento a un equipo de fútbol. Todo lo extraño genera antipatía, lo atractivo de lo afín no deja de trasladarnos a la seguridad de seguir un mismo interés; la fuerza del grupo, la posibilidad de alcanzar objetivos comunes. Después de todo no somos tan diferentes de los demás seres sociales. No impregnamos de orina árboles y matorrales como los grandes felinos, ni segregamos almizcle como algunos herbívoros, los pilares que refuerzan nuestra unión como grupo reciben el don de la metafísica, acontecen religión, nación, civilización o cosmogonía.

El objetivo es la clave, es decir, alcanzar un compromiso de camarería. Pertenecer a los hijos de Aztlán no deja de ser un singular privilegio monopolizado por los aztecas. Se convierte en una muestra de pertenencia a la cultura eventualmente superior, estar legitimado a participar de la fuerza del Imperio, que ya nunca volverá a ser tribu. Zapotecas, Mixtecas o Mayas serán forasteros, siervos de otros seres, de otros dioses. Los secretos de lo azteca no se les brindan en tanto que extraños, su existencia amenaza la homogeneidad del grupo, su conquista acontece, más que negocio, religioso designio.

Algún psicólogo bien pudiera llamarlo el complejo del GPS. El hombre busca una guía que le permita asimilarse al resto y escabullirse de la soledad del mundo primero. El Caos se evita a base de sociedad y el relacionarse llega a ser función vital. En una época de iluminación empírica, los valores a imperar son cuestionados. De nada sirven razas, religiones, civilizaciones o naciones si defendemos los Derechos Humanos Universales. La globalización nos fuerza a algunos a cambiar de paradigma, defender la unidad de especie y de legitimidad de posibilidades y valores para todos nuestros miembros. Trasladar nuestra manada de lo particular a lo global, asimilar flujos de derechos con los ríos de capital monetario.

Después de todo, hebreos y aztecas, sumerios y contemporáneos adolecen de una misma necesidad, la de pertenencia. Los llenos en los estadios así lo confirman. La vorágine destructora de algunos energúmenos encuentra correspondencia en otras mentes socialmente enfermas. La fuerza no viene de la enfermedad si no del número. Haber más mentes claras que fanáticas hace, por reglas de la matemática, entrar en minoría al contrario, los seguidores del Arsenal y el Tottenham o del Madrid y el Barça no dejan de actuar como lémures de cola anillada, discutirse grupalmente para encontrar algún sentido al regocijo de la pertenencia.

La conclusión es clara, la libertad humana consiste en poder establecer los axiomas que justifican nuestra camarería, la Guerra quizás no deja de ser una mera consecuencia de la cinética de nuestras sociedades; la Paz y los Derechos Humanos una solución que bien podría acontecer pilares de una futura armonía. Lo sé, los senderos de lo ideal y lo metafísico irrumpen en mis letras, los topetazos del ciervo, y las luchas de los primates nos muestran como los animales no pueden tolerar pertenecer todos a un mismo saco de genes originario. ¿Quién dijo que los humanos éramos un *tertium genus* entre bestias y vegetales?

El origen de lo jurídico: Derecho vs Deber

Comenzando a través de una, quizás en exceso, corriente conjetura cabría plantearse qué fue primero el huevo o la gallina, o en términos más próximos al ámbito de lo jurídico, el derecho o el deber. Históricamente se ha opinado que en el génesis de lo humano los individuos disfrutaban de la libertad absoluta entendida en el sentido del *more ferarum* de Lucrecio o el *in agris bestiarum modo vagabuntur* de Cicerón. Es decir, el binomio hombre animal/bestia carecía de contrariedad alguna, el hombre era un lobo para el resto de la estirpe humana como afirmó Hobbes. No obstante, una visión supradisciplinal de la conjetura pudiera ser, bajo mi punto de vista, modificar de alguna forma la visión hobbesiana salvándonos de una ineludible condena a la maldad innata de nuestra psique.

Quizás pudiéramos buscar el gen primordial de lo jurídico, y por subsunción de los derechos, en la ineludible necesidad humana de convivir socialmente. Si es que en algún momento existió diferencia, dependiendo de la postura que defendamos, en un primer instante Derecho y moral estaban unidos en la más absoluta simbiosis encontrando en la creencia en lo sobrenatural, además de en la superioridad física, su justificación. El ser humano en tanto que animal político se organizó, generándose la complejidad social como arma infalible contra un medio hostil por naturaleza, superando la prueba de la selección natural gracias, no a unas plateadas alas ni a un férreo armazón sino gracias a la palabra (*logos*). Ello se configura como manifestación clave de un cerebro genialmente capacitado, capaz de conducir a una sociedad progresivamente más compleja.

Shamash, Tezcatlipoca, Ra, Yahvé..., cualquiera de las deidades concebidas por el hombre ordena una serie de deberes en forma de ofrendas, sacrificios o plegarias. Los Diez Mandamientos no dejan de ser una serie de deberes, que no de derechos, configurándose una primera posición respecto a la conjetura inicial. Así lo expresa Norberto Bobbio al afirmar que: *"deber y derecho son términos correlativos, como padre e hijo, en el sentido de que como no se puede ser padre sin hijo y viceversa, tampoco puede haber un deber sin derecho, pero como el padre viene antes que el hijo, también la obligación viene siempre antes que el derecho"*.

Dejando los senderos del Edén metafísico hagamos una escueta excursión al Edén físico, es decir, al vergel mesopotámico, origen de la civilización compleja, la civilización histórica. Fue precisamente a orillas de los ríos Tigres y Éufrates, concretamente en el curso bajo de ambos ríos donde se desarrollo la civilización de los sumerios, auténticos partícipes de la invención de la escritura y del Derecho, cuanto menos en su manifestación escrita. El profesor Bobbio cita el Código de Hammurabi, yo citaría también los textos sumerios, anteriores en el tiempo, y donde igualmente se manifiesta cómo el deber precedió al derecho. Ello sería el producto del surgimiento del Estado en tanto que ente monopolizador de la fuerza legítima en manos de un rey divinizado (*lugal / en*) que se configura como legislador y director de la conducta de sus súbditos. Sin embargo, la idiosincrasia imperial se centrará más en el punto de vista del príncipe (*ex parte principis*) que en el punto de vista de los ciudadanos (*ex parte civium*). El sino del Estado será aglutinar (concordia para Cicerón), imponer el orden y el organicismo de la sociedad, configurarse como un leviatán en el sentido hobbesiano.

El giro copernicano que alguno atribuirá a la virtud cristiana y otros, en cuanto a su plasmación, a las revoluciones burguesas, será el cambio de punto de vista, la exaltación del individuo frente al grupo, la visión de un Estado garantizador de la individualidad y no como homogeneizador de la misma en su finalidad encarecida de mantener el orden natural, la esencia orgánica. Sin embargo, la explicación de ello nos desplazaría a las inabordables, en este trabajo, ideas del constitucionalismo y de los derechos fundamentales.

Los notarios y la evolución de lo jurídico

Haciendo un trabajo sobre la jurisdicción voluntaria pude constatar cómo los romanos ya conocieron lo que era un notario. Persona privada dedicada a irradiar *bona fides* transformada en *instrumentum publice*, jugándose su prestigio y reputación en su palabra y juramento. La calidad del individuo, así como la de sus antepasados, regía más que los méritos, antes que la oposición estaba la práctica de lo jurídico. El sistema de oposiciones sería importado de la eficiente administración china, pero el cuerpo notarial nos viene de Roma, esencialmente intacto. Todo ello no deja de remitirme a cómo nuestras normas son devotas, cuasi por unanimidad, de esencias engendradas en el Pasado, descendientes de ADN codificado; evolución legislativa reflejada en genes legislados.

En la dogmática civilista impera la idea de que respecto a los derechos reales existe un *numerus apertus*. Ello implica que en cualquier momento pudiera surgir un nuevo derecho real que solucione necesidades actuales. Ello me remite a la imaginación de cierto jurista que queriendo establecer un nuevo e imaginativo remedio jurídico, engendró un nuevo derecho real *prima facie* que resultó ser un usufructo mal hecho. La verdad supera cualquier expectativa. En pleno siglo XXI nuestro Ordenamiento encuentra su cauce en la época del Imperio Romano. El régimen válido para una sociedad gobernada por un *princeps, dominus* o *basileo*, vale para nosotros, la presunta esencia de lo democrático. Siendo aún más rigurosos con la comparación, apreciamos cómo la regulación de una economía esclavista impregna las normas de nuestro mercado globalizado. El esclavo pasa a ser obrero y el César, Parlamento. La esencia queda inherente a la Realidad, quizás necesariamente.

El usufructo, el uso, la propiedad, la *usucapión* o incluso los notarios, encuentran su origen en el romano ingenio para lo jurídico; respuestas pasadas para un mundo necesariamente presente. La incoherencia en el tiempo encuentra curioso correlato en la actual eficiencia. El remedio del jurista clásico sigue sirviendo, *mutas mutandi*, para el ciudadano devoto del mercado, de la buena vida y del maná adinerado. Maniobras del jocoso Destino o, quizás, meras manifestaciones de lo real y necesario.

Quizás pudiéramos pensar que el Derecho no deja de ser una adaptación de la especie humana al hostil medio. Un sucedáneo de las garras, la armadura, el tamaño o de desproporcionadas mandíbulas. En tanto que ciencia en movimiento, el Derecho se adapta como queriendo seguir dinámicas propias de la teoría darwiniana. La actualidad de la norma se funda en el acervo de lo antaño promulgado, tal vez queriendo imitar el parecido del ave con el velociraptor, del rinoceronte con el caballo. Evolución y Derecho, dos habitantes de mundos separados. Las letras y las ciencias, lo natural y lo artificial. ¡Por el amor de Dios! ¿Es que acaso algún día existió la diferencia?

Adiós a un barrio

No sabría decir, desde mi humana naturaleza, si aquello que vemos, amamos, tocamos o acaso dejamos, abandonamos, cerramos, destrozamos... existe en la realidad o son estímulos que excitan a nuestros sentidos, generando reflejos luminosos de una realidad dudosa, sirviéndonos de barco en la caótica nebulosa del Tiempo y del Espacio.

Reflexivamente, me percato de nuestra infalible caída en el Caos, la tendencia hacia el desorden. Pues qué sería la noche sin día, el negro sin blanco, el perro sin gato o la realidad sin cambio. Como diría aquel griego nunca nos bañamos en el mismo río, ni, dicen los físicos, caminamos por la misma estructura, la misma unión de átomos, la misma realidad percibida. El cambio nos conduce hacía despedidas perceptibles y camufladas, amorosas y enojadas, queridas y necesarias. La marea nos lleva a las costas del Destino con pena y con gloria a través del remolino del Tiempo.

Cuan doloroso es abandonar un sitio querido, un hogar amado, un barrio en el que has crecido, un colegio en el que has estudiado. No volver a marcar aquel número, que con tanto entusiasmo, cansinamente has marcado un día y otro retando a la redundancia, pero aún así teniéndolo, irremediablemente, por amado. Esos muros rígidos que conservan recuerdos congelados, espíritus que expresan el sudor y el aliento de aquellos que por allá merodearon. Ese retrato pétreo, severo, amoroso, sincero. Esa protección, ese regazo que gratuitamente ha hecho de diván en tantas terapias. Ese beso en la mejilla, esa paella bien servida, ese consejo no forzado, ese deseo vital, esa esperanza que en ti continuamente han depositado.

Menos mal que para conocer el bien, existe la desgracia. Esa nebulosa espina que nos enseña del Mundo su gracia. Cómo no cayendo en ella todo cambio es bueno, cómo el futuro, a la vez que el Mal, irremediablemente, debe ser aceptado. La realidad cuesta de asimilar, pues vuela a pasos forzados, queriendo llevar el momento presente, con su hermano pasado. Pasa el viento con recuerdos, y con un canto tatareado, que viste olor a baenal y azucena, a tulipán y té enrocado, con ese aroma que impregna la piel, y te recuerda cómo viene el futuro después del pasado, y que a veces hay suerte, y puedes llevarte parte de lo que más quieres, físicamente a donde siempre ha estado.

Dentro de poco nos tendremos que ver, en continua reunión tertuliana. Dentro de poco podré agradecer con cariño aquello que, por falta de calificativo, no puede ser denunciado por la palabra. Dentro de poco podré dar un beso diario a quienes siempre han estado a mi lado, experimentar cómo la caída en el Caos es eterna e inescrutable, cómo a veces el orden, combatiéndolo, trae ilusión materializada en regalo.

El Japo

Existe un pequeño esbozo de Oriente en Balmes con Provenza. Se trata de un restaurante japonés entrañable donde la juventud parece encontrarse a gusto, y aún más nuestra maltrecha cartera. El menú es barato y la comida parece decente. No obstante, lo más significativo son los contrastes que en ese pequeño local se manifiestan.

Como cualquier mortal no sé lo que es viajar por el universo, pero si ello fuera similar a como acaece en las películas yanquis (con seres antropomorfos con diversos y multicolores rasgos) no hay duda de que este sitio es un sucedáneo interesante. Obviamente ni son multicolores ni tampoco extraterrestres pero sí que es empíricamente contrastable cómo los japoneses son individuos muy distantes a nuestros parámetros. Son de rasgos diferentes, (¡bien ya he experimentado que no parezco de invidencia!) pero algo que me llama la atención, a parte de las formas de esas graciosas camareras de diminutos rasgos que junto a la elevada temperatura del aire acondicionado nos remiten a la madrugada del *plus* y sus anuncios de detergente, es esa mezcla de frialdad y cordialidad que sus cuerpos transmiten. Ciertamente, más aún me llama la atención conductas extraterrestres llevadas a cabo por barceloneses terrenales.

Pido un poco de *sushi* de atún (¡ya que de todas formas acabarán con él, cuanto menos que me dejen probarlo!) y me parece delicioso. Para alguien que come con devoción en cuanto a calidad y también, quizás lamentablemente, en cuanto a cantidad, comer nuevos alimentos es algo así como leer nuevas literaturas, escuchar nuevas músicas. Sin embargo, a juzgar por las apariencias (que a veces no solo no engañan sino que denuncian a gritos) sí que parece mayormente meritorio poder apreciar cómo cuidadas y *fashionables* muchachas engullen algas como si tortugas marinas fueran, comen pescado crudo como tiburones y usan los palillos con mayor gracia que los artistas de circo. Es genial, a parte de una contradicción.

Comen algas muchos de aquellos y aquellas que se manifiestan tácitamente (o abiertamente) contra el cocido, el tocino y todo lo próximo al colesterol, pescado crudo quien rara vez agradece el pescadito frito en el gentil plato de la mama; comen con palillos aquellos que consideran ridículo ser aficionado a las lentejas guisadas, la morcilla y las croquetas caseras. Sí, el colesterol es pecado, lo japonés *fashion*.

El atún estuvo buenísimo, la solitaria comida termina con una alegría para la cartera. El menú es barato, los ingredientes parecen de confianza. Se me antoja que quizás vuelva en otra ocasión para empaparme de nuevas meditaciones, quizás antes de que se extinga el atún rojo, quizás antes de que los garbanzos entren en la lista de vegetales en peligro de extinción.

Albania o el trasero de Europa

Hace unos meses leí la interesantísima historia del Imperio Otomano escrita por Jason Goodwin ("Los Señores del Horizonte", *Alianza Editorial*). Uno de los pasajes que más me gustó fue aquél en el que se hablaba de Alí Bajá, el León de Janina, gobernador del bajanato de Albania, que pese a estar nominalmente sujeto al sultán otomano, *de facto* fue el monarca de la región durante largos años. Se dice que sus mensajes llevaban como sello cierta frase que decía *"Haz lo que ordeno o la serpiente te devorará"*. Se dice que el respeto que emanaba era tal que al asesinarle ¡tuvieron que disparar desde el piso de arriba! Lord Byron habla de los albaneses caracterizándolos como fieras gentes, bandoleros, armados hasta los dientes y con rudos ropajes hechos de cuero y lana. Más allá de la importancia histórica del personaje, no deja de ser representativo que una de las etapas de mayor importancia de Albania fuera aquella en que el León de Janina imperaba a su libre albedrío por las balcánicas cumbres. Poca duda cabe de que, al igual que los pinzones de Darwin, el hombre se hace al medio, y que precisamente pocos sitios tengan un ecosistema tan hostil como los Balcanes.

Recuerdo cómo una de las cosas que más me impresionaron de mi pasado viaje a Estambul fue cuando sobrevolamos las montañas de los Balcanes. Aún más presente tengo el oportuno comentario, de mi sabio compañero enrogerado, que versaba sobre la incalculable cantidad de sangre que habían bebido tales cumbres. Ciertamente. El mayor de los infiernos linda con la Unión Europea y, en este caso, poca duda cabe de que la península balcánica sí forma parte del continente.

Los cambios producidos a finales del pasado siglos, con la caída del comunismo y el auge, globalizado del capitalismo amparado por los Estados Unidos ha practicado grandes experimentos en los más variopintos países. Si bien es cierto que China amaga con ser el próximo gran imperio gracias, en buena parte, a ello y que países como Polonia, Hungría o la antigua Checoslovaquia han podido entrar en la UE, también es cierto, que como toda gran experimentación empírica, el ensayo, acaso inexcusablemente, lleva de la mano aparejado, en mayor o menor cuantía, el adoctrinador fallo.

Aunque lo neguemos, mirando a otros países, otros conflictos y a otras guerras, el problema albanés nos afecta a todos, especialmente a los países ricos de la cuenca mediterránea. El caótico paso de la dictadura comunista de Enver Hoxha a una economía, nominalmente, de mercado, no sólo no ayudó a la implantación de un pacífico y próspero país sino que motivó la concepción de una pesadilla de la que aún no ha despertado Europa.

Albania siempre fue un país despreciado por Europa. El hundimiento de dos barcos británicos, en octubre de 1946, en el canal de Corfú debido a ciertas minas sembradas, presuntamente, por Albania, motivó la exigencia británica de una indemnización de 843.947 libras esterlinas a Albania, cantidad que, con toda justicia, no se pagó. Como respuesta, el Reino Unido, confiscó los 7.100 kilos de oro que habían sido robados por los nazis al gobierno albanés. Curiosidades de la Historia, parece ser que las minas fueron colocadas por Tito, es decir, el gobernante de Yugoslavia, siendo más conveniente, con el eventual pragmatismo "desinteresado" inglés, inculpar a la débil Albania antes que al poderoso Estado Yugoslavo. El desencanto albanés no se hizo esperar, y al entrar los turistas al país se dice que existía un cartel que afirmaba: *"Aún cuando tengamos que pasar sin pan, los albaneses no violamos principios, no traicionamos el Marxismo-lenninismo"*, ello en base al desencanto albanés, no sólo con los yugoslavos, sino también con la ex Unión de Repúblicas Socialistas Soviéticas (URSS).

Lejos de mejorar, la situación actual empeoró con el conocido *caso de los bancos pirámides*, bancos fraudulentos que recibían ahorros del público dando elevadísimos intereses a los nuevos clientes con los ingresos, que de buena fe, los anteriores depositarios habían realizado. El bucle de la empresa era *ab initio* fraudulento, pese a que la intervención del gobierno para eliminar tales empresas sería aún más gravosa al generar un conflicto que poco se diferenciaría de una guerra civil. Valga constatar que más de un tercio de los albaneses fueron víctimas de la estafa.

El conflicto no sólo no ha acabado sino que ha potenciado el establecimiento de las grandes mafias, siendo abundantes las jóvenes albanesas en los burdeles de media Europa y los coches de lujo robados circulando por las carreteras de Tirana. El gobierno albanés es más devoto de la película de Coppola que de los valores de Montesquieau. Pese a ello, los ojos de Europa parecen desentenderse del asunto.

Poco importa que las bandas criminales que asaltan las casas unifamiliares por España o que trafican con inmigrantes, no sólo prostitutas sino también con niños, asiáticos y gentes de diversas procedencias, procedan de Albania. Qué decir del hecho de que Albania pudiera llegar a ser, al menos nominalmente, un eventual candidato a entrar en la UE, no sólo por el hecho de lindar con ella sino más bien por pertenecer, de eso no hay duda, íntegramente al continente europeo.

Albania es un fatal grano que incomoda al pensamiento europeo. Darle importancia, interviniendo en pro de los albaneses y de las víctimas de la mafia, también ciudadanos de la UE, es algo de lo que Europa, y las demás potencias de Occidente se desentienden. No fuera a ser que se admitiera a Albania como país hermano, más aún siendo musulmán y habiendo pertenecido al antiguo Imperio Otomano, ¿acaso no ven alguna relación con otras controversias de actualidad?

En el tablero sí que están

En el año 1996 el diario *WashingtonPost* nombró a Genghis Khan como hombre más importante del pasado milenio. Poca duda cabe de que nos encontramos ante una figura fascinante, forjador del Imperio terrestre más grande que ha conocido la Humanidad. Se trata del único conquistador que ha conseguido unir en un mismo Imperio a Persia, China, el Jorasán y Samarcanda. Su obra, lejos de ser efímera como la de su predecesor Atila, acontece como causa inexcusable para la comprensión del continente euroasiático. Escitas, sármatas, hunos, avaros, magiares, turcos, mongoles... son nombres de pueblos que poblaron la gran estepa del centro de Euroasia, guerreros que impusieron el terror y el caos en grandes imperios como Partia, Persia, Bizancio o Roma. Poca duda cabe de que nos hallamos ante uno de los fenómenos históricos más ignorados, un resquicio de misterio en nuestra, ya de por sí, desconocida historia.

Poca gente alcanza a decir los nombres de los países (ex-soviéticos) que se alzan en las fronteras, políticas más que naturales, de Oriente y Europa. Kazajistán, Kirguistán, Turkmenistán, Uzbekistán y Tayikistán, posiblemente sean los países más desconocidos del Mundo, sin embargo, en el Mundo de la globalización y del petróleo, dicha región acontece Dune y sus hidrocarburos nuestra particular especia, las casas en guerra no dejan de ser Europa-EE.UU., Rusia, China y los nativos de las estepas, valga recordar que son países ricos en gas, petróleo, carbón e incluso en opio.

Lo salvaje de los arqueros de la estepa encuentra correlato en la hostilidad de estas tierras. Se necesitan pocas explicaciones para comprender que de allá surgieron figuras como Batú Khan, cumanos, turcomanos o el cojo Tarmerlán. Bujara o Samarcanda son ciudades que pueblan tanto la dimensión terrena como la de lo fantástico. La importancia estratégica de tales países de nuevo se hace primordial, las frías estepas parecen caer en el melancólico pensamiento de que antaño fueron la, no menos estratégica, Ruta de la Seda.

Algunos de estos países (Kazajistán) formalmente renunciaron a su arsenal nuclear, aunque se tengan dudas; la pena de muerte no sólo no ha desaparecido en todos estos estados sino que se aplica, caso de Uzbekistán; la irrupción de gobernantes, nominalmente democráticos en muchos casos, pero cuya designación, tanto en lo temporal como en lo fáctico, se asemeja más a un *quiriltai* mongol (o reunión de los jefes de las hordas) que a un parlamento occidental.

Después de pertenecer a la Unión Soviética, la apertura económica de estos países (ruinosa en muchos casos para sus gentes) hizo que al principio se engendrara un fuerte sentimiento de autoafirmación frente a los rusos. No obstante, lo ideológico no sale del mundo de lo fantástico imponiéndose la rotundidad de lo real, de lo empírico. El amplio poder que detenta el "Agamenón ruso" en la zona le brinda la posibilidad de imponer sus designios. La última manifestación ha sido, y es, la guerra fría de los hidrocarburos.

Conocida es la falta de autonomía de Europa en lo energético. El fenómeno hace prever el auge de las nucleares como alternativa, dado el poder que está adquiriendo Rusia con el chantaje de los hidrocarburos. Al igual que con Turquía, Europa no ha sabido perfeccionar su, ya repetitiva, técnica del ofrecimiento del chocolate: europeidad por generar para la causa beneficios. Países que apenas alcanzamos a pronunciar son tratados como europeos cuando conviene, al igual que acontecen nómadas desconocidos cuando la balanza de desequilibra.

El último hecho de sustancial relevancia ha sido la propuesta de construcción del gaseoducto antirusia por Europa. Obviamente, las manos del emperador ruso, acaso dice él que gobernante democrático, dominan la frágil voluntad de los estados de la estepa, habiendo perdido Europa la ocasión de imponer si influencia. ¿Acaso resulta ser que el expolio y las armas son las únicas partes compatibles con el binomio del éxito? Creamos que no. La globalización no sólo tiene efectos de eventual progreso económico sino que también el desconocido de a pro deja de ser ignorante para ser consciente de su posición relativa, y ante todo, de sus prerrogativas, más aún si son en el ámbito de lo energético.

Es más que seguro que nuestros infantes volverán a saber situar el Caspio, el reino de Tamerlán, Bujara y Samarcanda. Es de prever que los países, que efectivamente sí están, progresen o se alcen contra el domino exterior dados los recursos de los que disponen. La zona de influencia está servida, quién dijo que Irak era la avanzadilla para controlar el Irán de los ayatolás, ¿será simplemente la jugada maestra del Imperio Americano en el nuevo tablero, un jaque a Rusia, Europa y China diciéndoles quién es el señor verdadero?

Quizás. El inconveniente es que en el ajedrez sólo hay dos contendientes y el juego, a priori, es neutro en cuanto a donde está el tablero. Tales países no dejan de ser potencias sólo en recursos, sino que también lo son en trabajadores. Más que blancas y negras las fichas se mueven en pro de diferentes Imperios. ¿Deberemos compartir partida con los Estados Unidos? ¿Entendernos con el gobernador nativo de turno? ¿Imponer el poder de Europa y expoliar a los dueños de la estepa? ¿Quién dijo que Genghis Khan fuera cruel si ahora nosotros parece que tendremos que cambiar radicalmente o acabar haciendo lo mismo?

Pesadilla = fracasado sueño

Tártaro, Hades, Infierno, Yugoslavia... son nombres dados o adjetivos con los que fuera calificado un difunto país, que respiraba aires de potencia. Con la descomposición de los Imperios Austrohúngaro y Otomano una federación constituida por Montenegrinos, Croatas, Macedonios, Eslovenos, Bosnios, Servios y sus regiones autónomas de Vojvodina y Kosovo vería la Luz. El proyecto sería tan plural e innovador como peligroso y controvertido. La verdad es que ya desde sus inicios se conceptualizó como un país especial, no sólo por las características de su líder Tito, sino por su peculiar óptica del socialismo, totalmente independiente de la URSS, y su empeño en mantenerse neutral respecto a los dos ejes, no firmando ni el Pacto de Varsovia ni su ingreso en la OTAN. Valga recordar que fue víctima de Hitler, no dejándose amedrentar por las fuerzas del dictador.

Más que una pesadilla, personalmente Yugoslavia me acontece como un noble sueño. Me interesa constatar cómo llego a ser un país, realmente próspero (no sólo en lo deportivo sino también en lo cultural), manteniendo en su interior a católicos, ortodoxos y musulmanes. Se me acontece como una pequeña Europa, un apriorístico intento de juntar gentes de diferentes culturas y procedencias en un mismo proyecto. Los errores yugoslavos bien debieran ser objeto de estudio por los partidarios de la Paneuropa, esa Unión Europea que debiera incluir a todo el continente. El problema turco pudiera ser identificado con Bosnia, las rencillas rusas con Servia, así como la "Europa Eterna" con Eslovenia y Croacia. Desde una óptica, absolutamente simplista, el problema de los Balcanes más que generar la curiosidad de lo ajeno me produce la preocupación de lo propio.

Más allá de terroríficos actos llevados a cabo por lucíferos belcebúes enmascarados, quisiera recordar la idea-fuerza imperante, respaldada por la "Vieja Europa", de incidir en lo individual para menospreciar lo de todos, acentuar lo folklórico más que la solidaridad entre culturas y gentes. Debo confesar que no me atrevo a usar el dichoso concepto de "pueblo", sobre valorando las ideas y nomenclaturas frente al bienestar de los individuos, desde niños a viejos.

Las ideas imperialistas y unificadoras atentaron contra lo bello, masacrando los últimos destellos dados por la, siempre perezosa, musa de lo político. No se dejó gobernar al imperioso concepto de lo humano, pasando el rodillo de la nación y de no logrados sueños, siendo más que posibles, superfluamente trasnochados. Cosas de la política y de nuestro existir desgraciado, el egoísmo propio siempre tiende a suplir las lagunas de lo comunitario. Acaso todo el mundo ve mucha diferencia entre bosnios y serbios, más allá de la religión, recurriendo a la cansina incidencia en etnias y pueblos. Lo siento pero no lo veo, o simplemente no debe estar demasiado claro.

Cómo pudiera calificarse de inviable un Estado interreligioso y multicultural y seguir defendiendo nuestra sociedad del "*meelting pot*" y la diversidad. Yo defiendo tales postulados, pero nunca he criticado a Yugoslavia terminantemente.

Seguro que la Historia Contemporánea tiene infinidad de vacíos en las enredadas redes de mi cerebelo, sin embargo, permítanme mojarme en el sueño, no imperial, aunque sea extenso. Mejor dicho, déjenme soñar no tanto en reinos sino en la unión de las gentes, en la visión de la diferencia real del pobre y del rico y no en la irreal y metafórica frontera interpueblos. No, los derechos humanos acontecen unos en una sociedad variada, maldita sea pues la diversidad si ellos no imperan, maldita sea la libertad si no tengo derechos, maldita sea Yugoslavia, si es que lo es también el Mundo que yo deseo.

La Dualidad de lo Vivo

Hermes rescató a la Core de los infiernos. Perséfone abandonó a Hades para volver con su progenitora (Démeter). Por el camino de vuelta, la divina doncella comió seis semillas de granada, rompiendo la condición que se había impuesto por Zeus para su retorno, no comer durante el trayecto. Todo fue obra de Hades quien prendado de la bella Perséfone quiso raptarla de las manos de Ceres, su madre, con el sino de poder pasar el transcurso de los tiempos adherido a su regazo. Tal sucesión de acontecimientos hizo que Perséfone (en griego) tuviera que volver seis meses al año a su cenicienta guarida infernal, volviendo con Démeter (o Ceres en latín), regenerando la tierra y dotando de fertilidad al invernal suelo yermo. Más allá de simbolizar el origen primordial del matrimonio, el rapto de la mujer por el marido (véase la misma tradición también entre los mongoles o los godos), el mito acontece la perfección de una constante universal, humana, inherente a todo lo vivo.

La Dualidad Verano-Invierno explica el fenómeno de la renovación del tiempo. El árbol simboliza lo eternamente divino, por más que, en lo referente a los caducifolios, pierdan las hojas con el otoño recuperándolas en primavera como muestra de pureza, renovación y gracia divina. Mitos similares existirían a lo largo y ancho del Mundo antiguo siendo el mito del renacimiento de Osiris, y su relación con la crecida del Nilo, uno de los más conocidos de ellos. Dentro de nuestra secular era, el inicio del Año Nuevo no deja de tener similitudes con lo explicado al celebrarse el nacimiento, anual, de Jesucristo durante las Navidades.

Mircea Eliade habla del mito del eterno retorno, lo explicado no son más que cosmogonías, ideas que giran en torno a la renovación del Tiempo. Las estaciones y los correlativos ritmos de los pobladores del ecosistema no han dejado de rebelar al Hombre los misterios de la depuración eterna, cómo el Tiempo todo lo engulle creando innovación de la fagotización de lo viejo. La antigua civilización azteca rendía sacrificios humanos como ofrenda a la deidad de lo dual, Coatlicue, deidad terrestre de la Vida y de la Muerte. Todo lo humano giraba en torno a tan drásticos extremos, la solución al binomio no dejaba de ser la prueba de la deidad. La capacidad de mantenerse al margen de la regla no era más que el camino hacia la inmortalidad, el viaje que ya realizaría Gilgamesh en la mitología mesopotámica.

Poca duda cabe de que, más allá de Dios y del Diablo, o lo que es lo mismo y origen de la contraposición cristiana, Ahura Mazda frente a Ahriman (dualidad divina en la que se basa el zoroastrismo), la Vida es una crónica de los designios de la dual obra. El Yin y el Yang. Quién sabe si no estamos ante el fundamento ontológico de la Vida y la Existencia.

Tan etéreo vuelo me desplaza a los sociales contornos del Derecho y de lo político. Nuestra sociedad sufre una grave crisis de desarraigo y desencuentros, distanciamiento e incredulidad frente al sistema democrático. El auge de la centralización del poder, del renacimiento imperial, y la privación de las más básicas libertades, nos remite de nuevo a la constante cosmogonía. De Franco a la Constitución, de Atatürk a Turquía, de Mussolini a Italia... el binomio político se basa en la Naturaleza, si es que alguna vez se disoció de ella.

Da la sensación de que el hombre desengañado requiere de la privación de lo electo, lo democrático, la Libertad de elección, y de pensamiento. La presencia requiere de ausencia al igual que el día de noche. Los auges deben caer en posteriores crisis. Tal vez nos hallamos ante el principio de un mínimo, después de haber llegado al más excelso de los máximos. ¿Por qué la democracia no es eterna? Pienso que tal vez sea la muestra última de la inexistencia de un protector inteligente. Dudo mucho de que la bondad rija el suceso, quizás sólo exista en batalla con la maldad, Mazda contra Ahriman, Dios contra el Diablo.

Después de la reflexión surge la claridad del pensamiento. Lo simbólico de la Historia de las Religiones es indispensable para comprender aspectos, tan vitales, como el de la Dualidad. La política no deja de ser humana en tanto que producto nuestro, naturaleza pura en virtud de que somos siervos de la Vida. Lo corrupto es llamado por lo perfecto, el sueño por el terror, la valentía por el miedo. No dejemos que la inevitable presencia del enemigo autoritario acabe con la consciente libertad del sujeto. Cuanto menos, luchemos por nuestra dignidad como miembros de la única especie humana, mostremos cómo conociendo la Dualidad, no necesitamos descubrir lo malo para congratularnos de poder disfrutar de lo excelsamente bueno.

Caprichos del Destino
o sobre el mérito en la Historia

Quienes siguen la Teoría del Caos aceptan totalmente cómo el regreso al Pasado es imposible. El efecto mariposa gobierna la mayoría de los fenómenos, siendo las relaciones causa-efecto, que superen el sentido unidireccional, raras en la realidad; preciadas joyas transformadas en eventuales presas para el arqueólogo o historiador. Poca duda cabe de que la distorsión es inevitable en la comprensión del Pasado. Lo sucedido nunca llega a nosotros en su estado primordial sino en los trozos dejados por el alubión del paso del Tiempo, por la incontrolable e impredecible fuerza del cambio. Lejos de asemejarse a las matemáticas, la Historia adolece del albedrío del convencionalismo de aquellos que la estudian. Las impresiones mayoritarias acontecen sucedáneas de ciencia verdadera y la carga emotiva de cada civilización, cartel atractivo, o no, para el interesado aficionado de turno.

Las fuentes divulgativas de la Historia no dejan de ser contendientes de un tácito juego de intentar ser la más atractiva. Toda civilización muestra sus cartas, sus inventos y ruinas queriendo manifestarse como la más sensacional, interesante, oscura o esotérica. Egipto sobrepasa todo molde, su misterio invade en tanto que sutil neblina todo lo relativo a ella y los faraones. Lo siento, nunca me he sentido egiptólogo en potencia. Sus ruinas son, a mi ver, mayormente devotas de la abundancia de piedra caliza que de la especialidad chovinista de quienes las construyeron. Las leyendas e ideas que nos denota tal cultura exceden de lo material para imperar mayormente en lo sacro. Ra, Osiris o Anubis no acaban de abandonar su panteón celestial inmiscuyéndose en la gracia de lo más genuinamente fantástico. Mis preferencias siempre se han decantado más por Mesopotamia. Será que siempre he aborrecido lo abstracto, o quizás sea mi carácter idealista, pegado a la rémora certeza, quien siempre me ha alejado de los misterios egipcios y acercado más a los empíricos logros del vergel mesopotámico.

Hace tiempo estudié la matemática de ambas civilizaciones, o en el caso de Mesopotamia, el dichoso cúmulo de ellas. Bajo mi más absoluto asombro la matemática de los mesopotámicos resultó ser, en no pocas ocasiones, mayormente compleja. Sus métodos de resolución de ecuaciones, aproximaciones al valor de π, son muestras irrefutables de una poderosa ciencia, acoso más desarrollado que la de los habitantes de las fértiles orillas del Nilo. Sin embargo, sus restos son escasos, los genios alados que pueblan los grandes museos arqueológicos de Europa, como mucho, generan respeto, siendo mayormente buscados los restos de tumbas egipcias, y qué decir de sus cadáveres, aunque no llegaran a ser momias.

El paso del Tiempo difumina el recuerdo del mérito. Poco queda del sapiencial naufragio, siendo los restos perlas difíciles de encontrar por el interesado estudioso. Son pocos quienes recuerdan que fueron los asirios quienes utilizaron el hierro por primera vez en sus ejércitos, bien lo saben los egipcios, puesto que debieron ceder ante la pavorosa armada asiria. La escritura también encontró sus primeras manifestaciones alrededor del Tigris y el Éufrates, quizás también las matemáticas, y según parece, la rueda. Todos ellos son descubrimientos valiosos, axiomas de los que se deriva nuestra actual civilización por pura lógica.

Caprichos del Destino, Egipto pasaría a la Historia a través de la Biblia hablándose de hechos de los que rara referencia se tienen. Cada día parece ser más cierto que el presunto esclavismo de los judíos fue mentira y que los hebreos, al menos a gran escala, no abandonaron Egipto para poblar Israel, Mesopotamia parece querernos decir algo al respecto.

Del análisis de los hechos históricos, atisbados por el texto, presuntamente, sagrado, nos percatamos de cómo buena parte de la tradición de esas tierras se adentra en la narración del Antiguo Testamento. El mito de Moisés y su barca surgió respecto al monarca acadio Sargón y el mito del Diluvio en referencia a las graves inundaciones acaecidas en la región, situada entre dos grandes ríos, en remotas épocas pretéritas. No creo que en lo alto del monte Ararat se halle el Arca de Noé pero es más que probable que las precipitaciones caídas por tales sierras inundaran el territorio que actualmente ocupa el ceniciento Estado iraquí.

Cosas de la Historia. La herencia, *a priori* invisible, de las civilizaciones mesopotámicas se camufla, alguien diría que intencionadamente, en las páginas de la Biblia. Poca duda cabe que se trata del libro más influyente, superando con creces al Quijote de Cervantes. Mesopotamia nos llega a través de él, las leyendas que narra le pertenecen, así como buena parte de los personajes, eso sí, con otros atributos y nombres.

Una vez analizado esto, hagámonos la dichosa pregunta. ¿Los desconocidos mesopotámicos resultan que no lo son tanto? ¿Les debe más Occidente a ellos que a Egipto? ¿Somos más herederos suyos que de los faraones? ¿Qué hicieron para pasar a la Historia como pueblos malditos?

Cuándo peligra la poesía

No digáis que agotado su tesoro,
De asuntos falta, enmudeció la lira:
Podrá no haber poetas;
pero siempre habrá poesía.

Gustavo Adolfo Bécquer

Marcel Mauss, Aristóteles de la antropología, habla de cómo la poesía nace, cuando se le viste al ritmo de letra. La canción no es nada más que poema, a veces rebelado por los espíritus, otras siendo normas del soberano dictadas sobre el apoyo de rítmicas muletillas. El binomio poema-canción no tenía sentido, la canción era poema, o al menos en el dominio del analfabetismo eso se decía. La poesía, más allá de ser un género exclusivamente culto, cumplía la labor de cultivar la memorística en una sociedad sin libros ni ordenadores.

Ese es el motivo del porqué La Ilíada, La Odisea, La Eneida, La Farsalia o el Mio Cid o la Chanson de Rolland estaban escritos en verso. Eran los best-sellers de la época, las arcaicas Guerras de las Galaxias, leyendas y demás historias que a duras penas vieron jamás soporte alguno más que el tejido nervioso de las neuronas. Sin duda alguna, en un mundo dominado por la informática, la poesía cambio de casa, se desaloja automáticamente de sus dominios abriendo el paso a nuevos tiempos, nuevas metas. Dicen que el Tirant lo Blanc fue la primera novela moderna. No sé si será cierto, pero por aquellas épocas Gutemberg ya amagaba con construir su milagroso invento, quién sabe si plagiando al inventor chino, pero el caso es que cerró el negocio al rapsoda e inicio la vorágine del libro. La poesía seguiría viviendo en los corazones del inculto, el pobre, el agricultor, pastor o rural habitante sin libro alguno. Las rimas y canciones populares no dejan de ser mensajes, no sólo políticos, sino también de entretenimiento y sátira que gozan del don de lo rítmico, con el afán de poder ser recordados. Increíble ciertamente. En la actualidad las rimas son *rap,* y algunos dicen que eso es poesía, quizás lo sea, o quizás todo lo contemporáneamente rapero sea una poética mentira. La verdad es que el poema del culto adolece de pedantería, la cerradura del pródigo en letras se confunde con la del parlanchín de turno, majadería en grafías, locura versada. Quizás sea la archiconocida Decadencia del Arte, la de los manchurrones tapiados, la de paredes rodeando lo poético donde abusan ritmos metálicos carentes de letras.

Quizás por ello tengamos más espacio para otras cosas. Sería duro trabajar de rapsoda en las desérticas tierras de Níger, donde el narrador de oficio preside toda clase de ceremonia religiosa, rato de entretenimiento o doctrina del Poder o lo Sagrado. A duras penas recuerdo versos de la Canción del Pirata, no sé reconocer lo Fatal de Rubén Darío, ni decir dos rimas seguidas de Bécquer, será por el mismo motivo que soy malo en cálculo mental, será porque mis neuronas sean selectivas y no amantes de la ley del máximo esfuerzo. Ciertamente, para qué voy a hacer trabajar a mi cerebro cuando lo puede hacer la computadora...

Khun diría que estamos en un nuevo paradigma. Yo creo que sí. Más allá de la liberación ideológica, de opinión, sexual, la bomba atómica, la economía de consumo o la conquista del espacio, nuestra sociedad se caracteriza por ser cada día una sociedad más feliz en cuanto que monótona. Lo mecánico vence a lo poético, la masa a lo excelso de lo creativo.

Son tiempos difíciles para la lírica, prefiero yo también la prosa. La abundancia de libros, no siempre utilizados, hace que el trabajo pueda ser dividido; que ellos recuerden las historias mientras yo pienso en otras cosas. No es crítica de lo actual sino crónica de las letras en la actualidad, o al menos opinión. Quizás, debido a la hora, deba consultar a mis múltiples amigos dadores de grafías y recapacitar sobre la oportunidad de conseguir *Yo Robot*, la mecánica sobrevive a Asimov y nos domina más cada día...

La verdad del niño y del borracho

Siempre he admirado la sabiduría de lo popular, el cómo dichos y refranes se asemejan, en no pocas ocasiones, más a la Realidad que las fórmulas y teorías científicas. Uno de esos grandes saberes del "subconsciente colectivo" es aquel dicho que indica que sólo los niños y los borrachos dicen la verdad. Realmente se trata de un pensamiento, que lejos de ser un sueño, acontece más una pesadilla. Leyendo algunos de los escritos de Jean Piaget, irremediablemente en diagonal dado lo finito del tiempo, uno se da cuenta de la importancia que las ciencias han dado siempre a la madurez (en cuanto a fuente de refinamiento, dador de gracia y sutileza de nuestro sentido lógico) y a cómo el clásico de la pedagogía enuncia que las bases de la educación no se basan sólo en lo político sino también en lo social, económico e intelectual. Perdonen la repelentada pero no puedo estar en más desacuerdo.

Quizás hago un uso abusivo de aquella gran contraposición de la que tanto se me habló en Filosofía del Derecho pero creo que una cosa es "lo que es" y otra "lo que debería ser" (algunos lo denominan como la paradoja de Hume, yo lo veo más bien como una de las mayores verdades de nuestro Mundo). El niño acontece víctima de la malicia del detentador de Poder de turno. La ideología del Poder lucha, menos mal que no del todo satisfactoriamente, con lo indómito de nuestra primordial psique, intentando disfrazar los pensamientos de algunos en dogmas instintivos. Muchas veces me he sentido infantil. No tanto por parecer inmaduro o extremadamente jovial a mis compañeros sino más bien, creo yo, por haberme situado, en demasiadas ocasiones para mi bienestar, en parte al margen del más fatal de los condicionamientos. Si algo me ha enseñado mi, aún lozana, experiencia es que la familia cercana en el trato son los profesores más baratos e incondicionados. El cariño, que bonita puede llegar a ser la Realidad, vence en lo estándar al interés y el adoctrinamiento. Me siento niño en muchas ocasiones, menos mal, y a mucha honra.

Recuerdo cómo hace poco más de un año me entró la curiosidad de escuchar canciones que antaño oía u observaba por los 40 principales o en los programas de entretenimiento que veía en mis tiempos niños. Prince es uno de los personajes que se hallan escritos con letras doradas en el disco duro de mi intelecto. Curioso resultará a algunos, pero es que su figura se me acontece como un flagelo, una contradicción en sí misma, una muestra de cómo la dichosa "enfermedad de Peter Pan" puede definir a un genio. En no pocas ocasiones he soñada con que mi esencia ha cambiado a lo largo de mi joven experiencia vital. Muchas veces he creído que mi más tierna infancia fue un tiempo de gloria, riqueza de espíritu, libertad y felicidad incondicionada. Ciertamente, más que una obsesión me parece ahora una real sensación lejana de la ignorancia. El chiquillo se caracteriza por pensar en su bienestar, en el juego.

Sus ideas no son hipócritas, él quiere jugar y que no le quiten el juguete. Sus palabras son sinceras como la más sagrada de las vírgenes, sus pensamientos puros, radicales, verdaderos y, acaso, más reales y útiles en lo importante. Me doy cuenta de que precisamente el condicionamiento sea aquello que caracterice al paso del tiempo, a la madurez, la vejez, y a la pérdida de esperanzas. Fantasía se esfuma, lo que parece verdad es obligación y el resto mentira.

El condicionamiento no sólo se refiere a no discutir los postulados del *dominus,* Agamenón (aun siendo electo) de turno, sino que también, desde mi punto de vista, se refiere a no ver otra solución que la sujeción al sistema económico, cultural, y en definitiva, sapiencial. El pensamiento evolutivo se generaliza y tergiversa, cayendo quienes, aparentemente más lo defienden, en el desacredito. Existe un resquicio de incomprensión para todo intelecto, no necesariamente útil o interesante pero es precisamente lo desconocido lo que alimenta la curiosidad, averiguación, inteligencia. No pasa sólo con los humanos, acaece, por definición, en todos los seres dotados de cerebro apenas han salido de su particular huevo. No son más listos, y desde luego que no son ni más maduros ni correctos, pero los niños, así como los cachorros, tienen más capacidad de aprender que los adultos. Precisamente porque son conscientes de lo infinitamente incognoscible, de que no todo tiene una explicación, de que el Mundo tiene mucho de irracional (que no divino), de caótico, desordenado, y ante todo, no es siempre la verdad lo estrictamente evolutivo. El hombre no camina hacia la meta de la perfección, sencillamente, porque si no, no sería hombre. El resquicio falto de conocimiento es nuestro motor, siendo más potente cuando se es cachorro o niño.

Hipocresía occidental
o jugar con la dictadura

Es difícil recordar si los medios informativos alguna vez fueron libres. Como dirían los juristas, la imparcialidad de la prensa acontecería más un designio de *lege ferenda* más que de actual *lege lata*. La subjetividad del Poder seduce la boca del periodista, como gentil criador de aves que inserta el alimento en la boca del protegido. Poca duda cabe que, más que de valientes, criticar posiciones del común de los dirigentes traspasa las fronteras de lo correcto para pasar a ser mera ideología irreal, sueños de un Mundo imposiblemente perfecto.

La prensa tiende a imaginar decir la verdad bajo el disfraz del dueño de turno. No importa que éste sea público o privado, las palabras manifiestan lenguaje, pensamiento, y éste, por naturaleza, desconoce la metafísica verdad verdadera, ese presunto axioma que rige lo conveniente de los designios. Algo así acontece cuando los conflictos internacionales aparecen en pantalla. La sensación de que los pobrecillos no conocen nada más que darse a garroteadas parece ser el objetivo final que quieren alcanzar los medios. La incompetencia del político local, la hambruna irremediable de la región, junto con la dureza del clima, surgen como antidepresivos curadores de nuestra occidental culpa, como telones de acero que tapan los escombros de nuestros miedos, de aquello que más que la lengua o la religión, en el exterior amaga con caracterizar a Occidente. La Unión Europea participa del conflicto palestino. Apoya a Al-Fatah cuando Hamás resultó electo. ¿Dónde se encuentra el establecimiento de la democracia del pueblo, acaso se halla en lo fantástico de nuestro modelo geopolítico? No juzgo la conveniencia de la actuación, simplemente constato la irremediable hipocresía del acontecimiento.

Poco novedoso resulta ser la contingencia en lo referente a política comparada. Durante la caída del Imperio Otomano y su correlativa sustitución por el Estado turco moderno, los armenios fueron víctima de uno de los mayores crímenes del pasado Siglo. Cierto, pero sigo sin creer en la verdad objetiva. Leo fuentes diversas, testimonios de diferentes países, múltiples intereses, dispares potencias. Me percato de que lo armenio, una vez más, resultó se un instrumento, una excusa de Rusia y demás potencias para adentrarse en asuntos turcos, intentar quedarse con terrenos para los cuales las armas propias estaban ya muy mal vistas.

No deja de ser paradigmático cómo los soviéticos acabaron por apoyar el movimiento kemalista. Los armenios planeaban anexionarse Azerbaiyán y eso era intolerable. Empezaría con ello la redacción de testimonios, igualmente válidos, donde se narrarían por los rusos las masacres perfeccionadas por los guerrilleros armenios en territorio turco. Curioso, el instrumento pasa a ser azote.

DI QUE FUE UN SUEÑO

Dicen que el hombre es el único animal capaz de tropezar dos veces con la misma piedra, supongo que de ello se denota la posibilidad de expandirlo a las civilizaciones. Sadam Hussein fue puesto en el vergel mesopotámico por manos anglosajonas, al igual que el régimen Saudí o los Emiratos Árabes. El terror otrora fue cincel para el escultor planetario, los graves crímenes acaecidos con anterioridad fueron males necesarios, la furia occidental, bajo el tamiz del petróleo, un fuerte argumento.

Occidente tiende a ver la radicalización religiosa como un mal congénito. El wahhabismo resulta ser un sucedáneo de Satán, el chiísmo una solución para Irak, un inconveniente en la antigua Persia. Quizás se olvidan de que el wahhabismo es sunní, al igual que Sadam o el antiguo Imperio Otomano. La memoria se diluye y el telón hierve en ascuas, consecuentes con la evidencia del fuego.

Todo resulta ser un juego de ajedrez, un tablero siervo para una mano soberana. La política no ha dejado a Cicerón, y cada vez es más retórica. Lo musulmán es manipulado por el radicalismo inverso. Los extremos luchan, excluyéndose, manifestando que ambos son inservibles. Sin embargo, me entra la sensación de tener que dejar el asunto, parece que Atatürk, Sadam, Saudíes y armenios son metáforas de una igualdad de designio, de una eventual superioridad de Occidente. No quiero contradecir a la manada, los vuelos en territorio foráneo me siguen siendo adversos, ¿qué pasaría en mis adentros si resultara que es esto lo que significa pertenecer a Occidente?

Una historia realmente interminable

> *"Las pasiones humanas son un misterio,*
> *y a los niños les pasa lo mismo que a los mayores.*
> *Los que se dejan llevar por ellas no pueden explicárselas,*
> *y los que no las han vivido no pueden comprenderlas."*

Estas son algunas de las mejores palabras que he podido leer hasta el momento del clásico de Michael Ende: "La Historia Interminable". No pudiera comprender el verdadero poder de la obra de no haber iniciado, aún siendo quizás algo tarde, su placentera lectura. Todo el cúmulo de circunstancias que ha precedido a la lectura del clásico no ha hecho más que mitificar aún más un mitificado deseo. Los sueños, y acaso alguna pesadilla, antaño producidos por las adaptaciones cinematográficas de la historia fueron otrora monopolísticamente soberanos en mi mente. Fujur, Gmork, Atreyu o Morla no dejaron, en ningún momento, de ser personajes conocidos. Sus características sirvieron me de metafóricos juegos mentales. La amplitud de historias que se me derivarían de la película inundaría mi ocupación, en no pocas ocasiones, siendo reflejo de futuras expectativas y de algún que otro fantasioso sueño.

Cierto es que, como diría Gmork en la película, los hombres han empezado ha perder sus esperanzas. En un mundo de desigualdades y vorágines consumistas nuestras mentes, nominalmente maduras, detestan lo fantasioso estigmatizándolo con la consideración de infantil. Los sueños no dejan de ser, lejos de joyas originales de la imaginación, fantasiosas expectativas tan inciertas como equivocadas. No cabe resquicio alguno para el pensamiento libre sobrando espacio para el condicionamiento. La búsqueda del dinero nos aleja de lo sublime, no hace falta ser Petronio, pero la sátira de nuestro mundo acontece fácil y empíricamente reconocible.

"La Historia Interminable" no deja de dar juego al adjetivo. La idea de sus personajes que hiciera en mi Infancia evoluciona hasta el casi olvido de los momentos, apriorísticamente, maduros. Un arrebato de desobediencia al tiempo me ha llevado a coger el libro, antaño vedado por su extensión, tan querido como idealizado. Su lectura de repente me hace cautivo. Los vientos que soplan por mis espaldas parecen anunciar el acontecimiento. Javier por fin lee su libro, su esencia encuentra su mitad perdida en la infancia. De golpe, me percato de cómo la Madurez sea, posiblemente, ser consciente del paso de la Infancia recorriendo sus pasos a fin de encontrar huecos, vacíos a los que la acción de llenar nunca viene tarde, siendo maduro aquél que al hacerlo no se siente infantil, pero sí niño, acaso nene. Aquél que sabe comprender las emociones tal y como Ende las describe.

La desgracia de las adaptaciones cinematográficas se manifiesta desde las primeras páginas. Las recreaciones mentales de la interminable historia caen ante la infalible lapidación realizada por el libro. La fantasía encuentra meta, ve cómo los personajes, acaso en un principio mayormente infantiles, no coinciden totalmente. Ya desde el principio, comepiedras tiene nombre y al hombrecillo del caracol y el conductor de murciélagos se le une un hombrecillo denominado fuego fatuo. No sé si el ingenio del autor lo previó intencionadamente pero el lucero del nuevo personaje me ilumina mostrándome las diferencias entre mis visiones pasada y actual del asunto.

Fuego fatuo lleva una bandera blanca unida a su cuerpo al igual que los otros tres contertulios, símbolo de neutralidad y de Paz en un mundo en conflicto. De golpe irrumpe en la magna obra original un concepto como es el de guerra. Concepto ausente en la adaptación cinematográfica, donde todo estaba mayormente idealizado, no sólo por el director del filme sino también por las directivas de la Infancia. Más que a las imitaciones de *teletubbies* de la película los personajes acontecen más bien una alegoría. Veo más que a los Lunnies a Petronio y a Apuleyo con su *Asno de Oro* detrás. Ramon Llull, Fontaine o Perrault parecen ser imitados, el fuego fatuo se convierte en antorcha metafórica del cambio. La percepción del mensaje del libro me llega en el mejor de los momentos. El contraste entre la visión del filme frente al libro sólo encuentra equivalente en la analogía ficticia de la Madurez frente a la Infancia. Una placentera sensación se inmiscuye dentro de mis venas mostrándome los Misterios vedados de lo etéreo. La imaginación se quita el disfraz de lo inapropiado y vuelve a regir públicamente desde su trono encelebrado.

Es la virtud del descubrimiento hecho en buena época, la sabiduría de la enmienda y lo aleccionador del fallo. El vacío causado por la falta de lectura del libro madura en sano fruto. La sabiduría transmitida por la obra llega en un momento cumbre, en un instante donde acaso pueda ser mayormente comprendida. La explicación del fenómeno en una contradicción en los propios términos que caracterizan a la Fantasía pero cuento menos alcanzo a comprender mi objetivo de comprender lo seductor de la Historia. Esa seducción tan efectiva como oculta que durante tanto tiempo me ha impregnado. Más vale tarde que nunca, más vale recolectar la fruta tardíamente, cuando se viste de sabor y está bien madura.

La droga del terrorista

La división del continente euroasiático responde más a un profundo desconocimiento mutuo que a una realidad geográfica. Poca duda cabe que experiencias como las de viajeros como Marco Polo, o el menos conocido, Benjamín de Tudela nos han brindado una imagen de Oriente, que manifiesta nuestro total desconocimiento del mismo. Parte de sus culturales descubrimientos, sin duda distorsionados por la subjetividad inherente a toda crónica, trataron la existencia de cierta secta islámica reconocidamente peligrosa por su especialmente fiera malicia. Se trata de los *hashshashín* (origen etimológico de la palabra asesino), nomenclatura que significa, literalmente, fumadores de hachís. Se trataba de gentes de temeridad contrastada a quienes se les adoctrinaba para sufrir el dolor en pro de la promesa de un ulterior encuentro con el paraíso divino. Sus crímenes, creen los expertos, se producían ante el público, siendo sus selectivos asesinatos, crueles muestras de sus macabros designios. El vuelo del puñal cumplía su objetivo de forma solidaria con la posterior prenda del autor; individuo que acontecía mártir de la causa ismailí, ejemplo de cómo el actuar piadosamente con la causa era una forma eficaz, a la vez que económica, para adquirir el billete al mejor de los islámicos cielos.

Su época de máximo esplendor fue bajo la tutela del califato fatimí del Cairo (en torno al siglo X). Durante ese período, Egipto experimentó una radicalización en cuanto a su visión del Islam, amparada en los preceptos dictados por la secta ismailí (sector radical de los chiítas, enemigos acérrimos del poder sunní). El éxito fatimí se fundó en la corriente, sumamente popular, de potenciar el progreso en base al mérito y no en función de la cuna. El movimiento ismailí no sería más que una repulsa a la nobleza Omeya y la de sus sucesores Abasíes. La caída de Egipto ante las tropas de Saladino motivó una posterior persecución de los imailitas que condujo a su exilio en los escarpados riscos y quebradas de los que la fortaleza de Alamut sería un ejemplo.

Mirando a las aguas del mar Caspio, Alamut se convertiría en sede y base (cuanto menos mitológica) de la secta de los *hashshashín*. Su jefe, el Viejo de la Montaña (*Hasan-i Sabbah*), se dice que daba de fumar hachís a sus jóvenes aprendices mientras les inculcaba el ansia de alcanzar el placentero gozo del Paraíso. Para ello les hacía ver la necesidad de cumplir sus preceptos, trasladar su mental y fantástico mundo de tiranía a la terrenal, y común, vivienda. Sus víctimas serían mayoritariamente islámicas. Se dice que el propio Saladino fue víctima de un atentado, que por mera casualidad, no acabó con su vida. Califas abbasís y turcos selyúcidas fueron las presas del león drogado hasta que el poderoso ejército mongol acabó con ellos, cuanto menos en potencia. Restos de la secta llegarían a la India, siendo posteriormente reconocidos, algunos presuntos descendientes, como parte de la nobleza del Sha de Persia.

Más allá de la Historia, lo más expresivo será constatar cómo el proyecto de tales seres se asemeja al de la mayoría de gentes que practican el terrorismo. Es decir, perseguir un objetivo, por lo demás idílico, con golpes a traición y asesinatos selectivos. El cruce entre los mundos real y fantástico, una vez más, entra en conmoción siendo el terrorismo un ejemplo de cómo en ambos mundos no se hace eventual diferencia en cuanto a la existencia de lo bueno y lo malo, en tanto que manifestaciones de la divina dualidad, a la que tantas religiones han honrado.

La droga, representada por el *hachís ismailí*, más allá de la Realidad es una metáfora aleccionadora. Me recuerda al soma del "Mundo Feliz" de Huxley inspirada ésta su vez en la homónima sustancia divina que consumían con fines religiosos ciertas sectas del hinduismo primordial. El trance hace llegar al terreno al mundo sacro, fantástica recreación del imaginario, sea individual o colectivo.

No dudo de la existencia de alguna eventual definición química de droga, sin embargo, poca duda cabe de que en un mundo dominado por los excesos del positivismo y la información, la instrumentalización es un medio, además de válido para algunos, perfectamente posible. Jóvenes frustrados reciben la idea de un mundo mejor, un mundo por el que luchar que roza los confines de lo fantástico (ya lo dijo Ende) convirtiéndose lo buscado en mentira.

Siempre quedará el consuelo de saber, por parte de algunos, separar y reconocer a ambos mundos, separar Derecho y Literatura, pintar de cultivar el arte de la pintura, intentar la perfección de ideales buscados frente al imponer las mentiras deseadas convertidas, en poca sutil, por lo demás ruin, Dictadura de la malicia.

El salto del nido

Más allá de las funciones vitales, de los vértices muerte-nacimiento, de vistosas o mundanas preliminares, incluso antes que el arte del regalo, la danza o del cortejo, existe un instante que, por razón de lo vivo o quién sabe si más bien como anticipo del quehacer venidero, implica un cambio brusco, una despedida tan involuntaria como necesaria, una declaración de independencia y un sueño de que la tranquilidad de la existencia primordial fuera tan infinita como placentera. El salto del nido, el primer vuelo, la primera migración, el primer baño, el primer sarpullido, el primer acto de autónoma rebeldía, el régimen de lo necesario e inescrutable, de lo impuesto, lo incontrolable, lo vitalmente útil, el diferencial de estar o participar de lo ausente; algo así se siente al firmar el último examen, cerrar esa puerta del recibidor académico que precede a la puerta de salida, aquella tan brusca como severa, la guardiana de lo impredecible, la custodia del Destino.

Se abre y uno se identifica con el pollito, la joven rapaz o el tan oscuro como joven pingüino. Sí, llegó el momento. Mi esencia humana se solidariza con lo aviano, aún viviendo en casa siento que se me hace pequeño el nido. El vuelo amaga con ser largo, quién sabe a dónde conducirá y como lo sentiré, seguramente se me haga extraño gravitar en fuerzas en las que no se puede descubrir lo que vendrá, corrientes incontrolables que saben decirte bien, bien qué pasará contigo o si llegarás a alguna parte.

Como símil del mercantil empresario, siento que en lo sucesivo deberé soportar todo el riesgo. Qué sea o me hagan dependerá tanto del Azar como de la seguridad de mis designios. La ilusión debe cristalizar en fortaleza. Aunque tenga armadura de vidrio, poco acostumbrada a embestidas, quién sabe si el cordero pasará a carnero o se lo asimilará lo cinegético del eventual mal futuro. Me siento de repente sólo. Poco arreglo foráneo tiene lo que me venga de ahora en adelante. Adiós al profesor, adiós a la seguridad de los arreglos caseros, ya todo lo importante depende de uno mismo, volar para que no te traguen los cielos.

¡Quién dijo que había motivos para añorar las alas del pájaro! La metáfora aviar me inquieta más que la gripe, y sus maniobras y tirabuzones me preocupan como todo lo extraño. Yo también vuelo, quizás sobre Babia muchas veces y otras tantas sobre la Luna de Valencia, sin embargo, el trayecto no es identificable, ni las cuerdas que lo mueven, lo siento, pero ante todo, sigo siendo agnóstico, y acaso algo escéptico.

No lo entiendo, por qué no evolucionó el contorno para que yo pudiera permanecer recogido en el cesto del nido. Caliente con el confort del esfuerzo ajeno, mantenido en el mimo foráneo, en la acción, gentil en lo familiar, placentero en tanto que materno. Lástima dan los albatros, pingüinos y demás aves marinas que al abandonar su hogar deben alzarse con el trofeo de sobrevivir en los mares. Por qué darían ideas, por qué generarían tantos males.

El mercado de lo jurídico se me acontece como un leviatánico caos esencialmente desordenado. Quién sabe si las corrientes las genera la competencia, o el albedrío que todo lo rige. No. Prefiero permanecer en el nido, o cuanto menos que me den una barca. ¡Reniego de ser vivo y blasfemo sobre lo esencial de lo aviano! ¡Por qué tuvieron que volar cuando pudieron permanecer quietos, por qué me tuvieron que robar mi nido si yo siempre lo tuve en lo más corazonal de mis adentros!

ÍNDICE

A manera de Exordio 9
Reflexiones ante una eventual cena 13
El fitness y el trasero del mono 17
¡Yo no soy ningún siervo! 21
Los ojos del pescado 23
El consuelo de la igualdad entre iguales 27
Las elecciones, el jornalero y el señorito 31
Líderes de lo complejo: buscando la especificidad de los humanos 35
Sobre el miedo a la muerte 39
La seducción por lo malo 43
La Metahistoria 47
Redescubriendo al unicornio 51
El cura, el augur y el psicólogo 55
Sueños romanos, golpes de carneros 59
Democracia frente a orden: ¿un divorcio inminente? 63
El peligro del racismo 65
Nubiru: el origen del nombre 69
Nómadas en el tiempo 73

El mal de Justiniano	77
Lo símbolico y el sexo	81
Renegando ante el espejo	85
Un mundo… ¿feliz?	89
Di que fue un sueño	93
Cuándo Europa comenzaba más allá de Gibraltar y de los Pirineos	97
Crónica de un fuerte recuerdo	101
El Logos: Religión vs Ciencia	105
Acerca del pueblo elegido y los lémures de cola anillada	109
El origen de lo jurídico: Derecho vs Deber	113
Los notarios y la evolución de lo jurídico	117
Adiós a un barrio	119
El Japo	121
Albania o el trasero de Europa	123
En el tablero sí que están	127
Pesadilla = fracasado sueño	131
La dualidad de lo vivo	135
Caprichos del Destino o sobre el mérito en la historia	139
Cuándo peligra la poesía	143
La verdad del niño y del borracho	147
Hipocresía occidental o jugar con la dictadura	151
Una historia realmente interminable	155
La droga del terrorista	159
El salto del nido	163

www.ingramcontent.com/pod-product-compliance
Lightning Source LLC
LaVergne TN
LVHW051834080426
835512LV00018B/2875